本专著受到上海市高原学科“管理科学与工程”学科资助

本专著受到国家自然科学基金项目（71801150）

“一带一路”贸易与政策驱动下基于无水港的跨境物流网络重构与优化资助

魏海蕊　著

“一带一路”背景下
无水港跨境物流网络研究

Research on
Dry-port-based
Cross-border
Logistics Network
under the Background
of the Belt and Road
Initiative

上海社会科学院出版社
SHANGHAI ACADEMY OF SOCIAL SCIENCES PRESS

目　录

第一章 “一带一路”背景下的内陆跨境物流发展

第一节 “一带一路”背景下内陆跨境物流机遇与挑战

“一带一路”是“丝绸之路经济带”和“21 世纪海上丝绸之路”的简称，是统筹我国全方位对外开放的长远、重大国家政策，强调由点到线到片的跨境、跨国合作，合作范围涵盖亚欧非三大洲，涉及全球 65 个国家和地区，经济总量占全球 30％的水平，是中国迄今为止范围最广、开放程度最高的区域合作政策。“一带一路”致力于建立中国全方位对外开放的新格局，借助于古代“丝绸之路”的历史符号和我国比较发达的全球海运网络，将我国对外开放由东部沿海地区向中部和西部纵深延展，将我国中西部地区的对外开放推向前端，刺激了我国内陆地区对外开放新需求的同时，也为我国内陆地区外向型经济的发展提供了新机遇。本书就是在“一带一路”倡议下，在我国内陆地区对外开放新需求、新机遇与新挑战下，基于当前在我国内陆地区迅速扩张的无水港物流枢纽，研究如何应用无水港构建内陆地区对接“一带一路”倡议的高效便捷的国际跨境物流网络，以提高内陆地区的“外向型”物流连通性、跨境物流网络效率与水平，为内陆地区提升在“一带一路”倡议中的地位和作用，提升对外开放水平提供决策参考与支持。

一、“一带一路”催生内陆地区发展跨境物流的强烈需求

“一带一路”倡议的核心是实现促进国际贸易自由化与便利化发展的跨境物流的互联互通。因为物流在促进国际贸易的发展中具有重要的先导和基础支撑作用。迪克吕埃(Ducruet)等学者指出国际物流网络是全球经济的骨架和支柱(Ducruet et al., 2010; Hou & Li, 2011; Xu et al., 2015)，物流通过与其他经济活动主体的相互影响与相互作用，以及支持经济交易流动的方式推动国际贸易的发展(Banomyoung et al., 2008; Lu & Lin, 2012)。因此，物流的连通性和网络效率是加快国际贸易发展和全球经济合作的先决条件(Lee et al., 2016; Fugazza, 2017)。

然而，在我国，国际贸易货物流通 90%以上的比例依靠海运，受地理区位因素影响，远离海港的中国传统内陆地区，货物对外输入输出需求主要通过沿海港口的国际海运物流网络实现。从本质上讲，我国内陆城市本身并不具备与国外市场直接进行货物进出口的物流功能，导致了我国中西部地区的外向型经济发展水平远远落后于东部沿海地区，形成了我国对外贸易“东强西弱”的格局。

内陆地区通过沿海港口实现货物进出口运输，前提是必须经过内陆地区与沿海港口之间的长距离、周折的陆上运输部分与烦琐的异地通关、报检等进出口流程，即内陆地区的跨境物流运输分为了两部分：一部分是货物从内陆(或沿海港口)运往海港(或内陆)的陆上运输；另一部分是从沿海港口(或国外目的港)到国外目的港(国内海港)的出口(或进口)海上运输。根据罗德里格(Rodrigue)和诺特博姆

(Notteboom, 2012)对美国中部内陆地区跨境物流的研究,虽然在整个跨境网络中海上运输相对陆上运输距离更长,但由于具有规模经济效应,运输成本反而更低,仅占20%左右,陆上运输成本却占据了整个运输成本80%的比重,运输距离与运输成本在内陆和海域运输中的不同比例如图1-1所示。

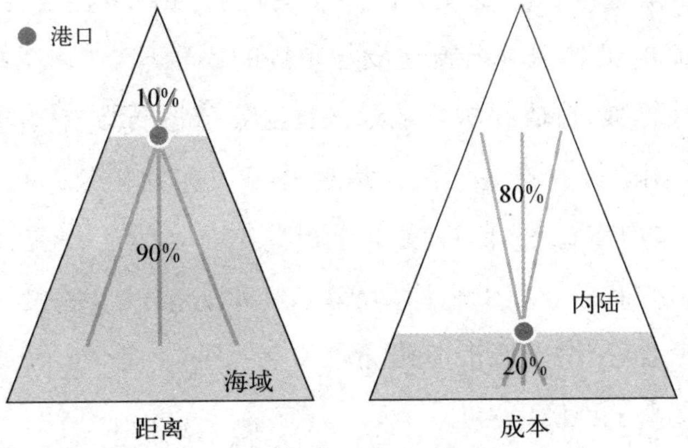

图1-1 在整个运输链中海域与内陆的货物运输距离与成本比较

而我国当前的内陆地区国际物流陆上运输又存在诸多突出问题:

(一) 从区位条件来讲,内陆陆上运输距离长、环节多、效率低下

根据达尔文·马塞洛(Darwin Marcelo, 2012)的研究,物流距离对进出口贸易有重要影响,他在撰写2012年世界银行报告工作中用引力模型研究了美国中部地区的进出口贸易案例,发现距离每1%的增长就会带来美国中部地区双边进出口贸易量1.65%的降低。而我国内陆地区货物运输到海港的过程中不仅物流距离遥远,而且中间涉及的业务环节、经手的操作主体等较多,且彼此之间信息与流程的衔接并不通

畅，导致运输流程时间长，效率低，而较低的物流效率进一步扩大了物流距离的负面影响作用。

（二）从网络结构来讲，陆上集疏运网络结构不合理，货流集散能力较弱

我国内陆地区物流业发展的一个突出特点就是各自为政、盲目竞争带来物流枢纽等物流设施建设与布局的不合理，缺乏系统的规划设计与整体性思维，造成我国内陆地区物流集疏运网络结构的不合理；另一方面，我国陆上运输一个突出特点就是过度依赖公路运输，铁路运输、内河运输均占比过低，即使是长距离货物运输也主要依靠公路运输。运输结构的不合理带来诸多弊端，比如分散的公路货流难以形成规模与集聚效应，增加城市道路拥堵和空气污染，造成物流成本高企不下的同时带来了环境压力。

（三）从组织管理来讲，内陆地区国际物流业管理部门也存在问题

一方面，地方政府主导特色浓厚，各自为政；另一方面，"一关三检"机构各自独立，条块分割，一定程度上导致机制、制度和业务流程等方面的标准和统一性等存在问题。在运作层面，国际贸易涉及托运人、代理商、运输商等诸多主体，业务分散、小散乱、缺乏系统整体性组织与协调，难以获得高效的流程和规模效应，从而进一步增加了运输的流程时间和成本。

以上问题的存在，进一步提高了我国内陆地区货物进出口陆上运输的成本，降低了运作效率，加剧了我国内陆地区发展国际贸易的流通障碍，制约着内陆地区外向型经济的发展水平与速度。而另一方面，随着我国产业发展不断由东部沿海地区向中西部转移，再加上"一带一

路”倡议的推动下内陆地区主动激发的与“一带一路”沿线国家的贸易交流，不断催生着内陆地区的对外开放需求。

以“一带一路”沿线重要内陆省份重庆、河南、陕西、湖北、湖南、江西为例，2005—2016 年各省国家经济和社会发展统计公报中的进出口贸易总额统计数据显示（见图 1－2），自 2010 年起，各内陆省进出口贸易总额进入快速增长时期，自 2013 年“一带一路”倡议实施以来，进出口贸易总额开始迈入新台阶并继续快速发展，虽然受全球经济放缓大趋势影响，部分省份 2015 年和 2016 年出现局部微量下滑，但总体保持平稳快速增长趋势。图 1－2 中六省在 2010 年进出口贸易总额为 1 045.252亿美元，2013 年增长至 2 070.883 亿美元，2016 年增长至 2 953.859亿美元，平均增幅达到 36.52%。由此可以看出，我国内陆各省的进出口贸易正处于高速发展时期。进出口贸易的快速发展，带来

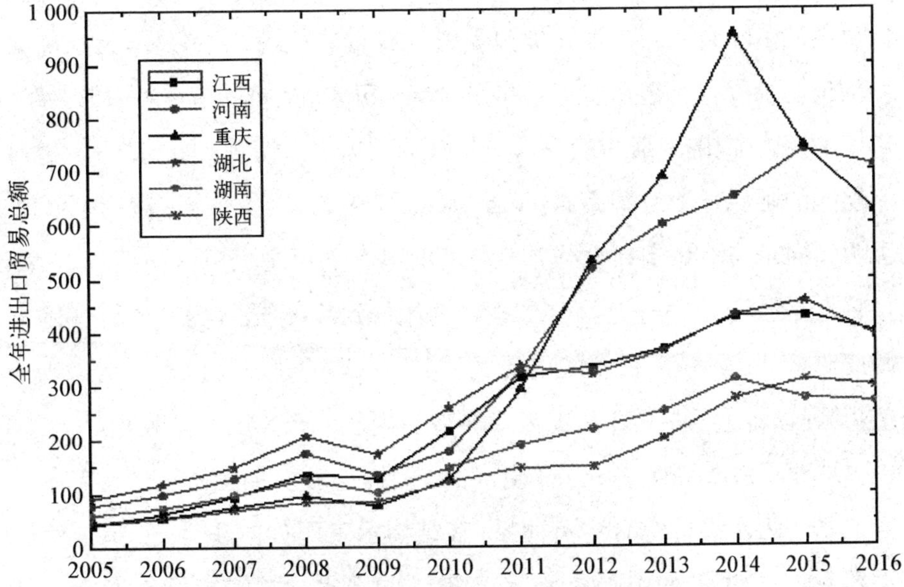

图 1－2 部分“一带一路”沿线内陆省份进出口贸易总额（2005—2016 年）

进出口货物流量的快速增长，对内陆地区保障与支持进出口贸易货物流通的国际物流网络的发展提出新的要求。

二、快速扩张的内陆无水港资源迫切需要系统规划与合理利用

随着内陆地区对外开放需求的激增，以及沿海港口竞争向内陆地区的转移，无水港开始在中国大陆出现并快速扩张(Li, 2015)。无水港(Dry Port)简单来讲是一种不临江海、没有船舶的港口模式。货物在无水港内可以“一站式”完成订舱、报关、报检、签发提单等一切通关手续，然后通过铁路班列等便捷高效的运输方式和运输通道将货物运送到沿海港口，直接装船出海。它有助于内陆货物的集散、中转和多种运输方式的集结，同时尽可能地将公路运输转移到铁路运输，从而获得节能减排等经济环境效益。作为将内陆货物向沿海港口喂给的物流枢纽，无水港对与其连接的海港的内陆腹地的扩张和货源吸引具有重要作用，因此我国无水港诞生的最初阶段主要是海港主导并作出突出贡献的。但是随着“一带一路”倡议的实施，内陆地区主动寻求对外开放的需求迫切，无水港作为一种口岸功能的延伸开始得到重视(Veenstraa, 2012)。在“一带一路”倡议下，无水港向东与沿海港口合作连接“21世纪海上丝绸之路”，向西连接“新丝绸之路经济带”的连通海陆的枢纽功能得到凸显，成为内陆地区各地方政府对接“一带一路”倡议的重要抓手。无水港的建设与扩张再次进入快速膨胀阶段，主导主体由沿海港口转变为内陆地区各级地方政府。

罗索(Roso, 2008)充分利用无水港特征与功能提出了健康有序运行的基于无水港的综合物流体系，其结构示意图如图1-3所示。然而根据我们调研发现，快速扩张与建设下的无水港并未很好地发挥出其被期待的和应有的功能。事实上，我国绝大多数已投入使用的无水港

处于运营困难的状态(Li, 2015),与我国无水港布局与运营存在的突出问题有直接关系。其中,比较突出的问题有:

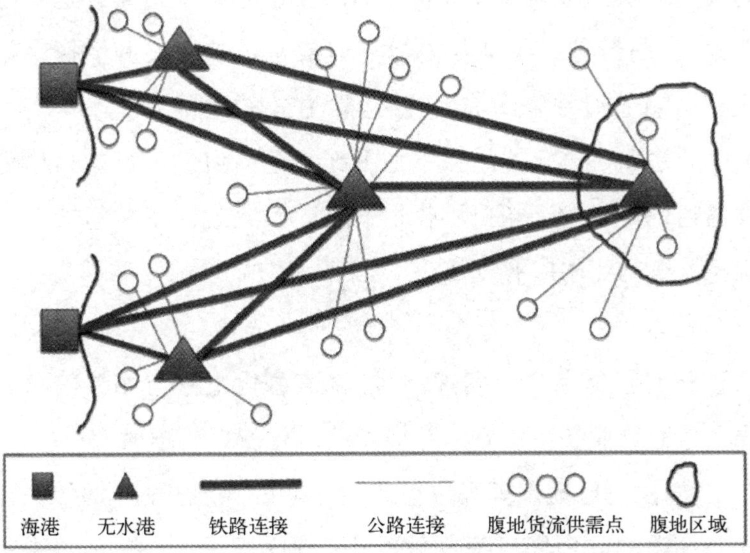

图 1－3　充分利用无水港特征与功能的综合物流体系结构示意

(一) 无水港布局建设各自为政,缺乏整体规划

综上所述,我国无水港的建设主体主要有沿海港口和内陆地方政府。沿海港口为主导建设的无水港主要为其争夺内陆腹地货源而存在,地方政府主导建设的无水港主要考虑当地需要,甚至可能存在相当成分的政绩工程的色彩。这些只考虑投建主体自身局部利益的无水港项目的共同特点是各自为政的建设,缺乏整体规划,造成重复建设、无序竞争与资源浪费。

(二) 协调管理机制不健全,功能定位缺失,集疏运功能尚未很好体现

由于缺乏统一的协调与管理机制,当前我国无水港呈现分块割据

的局面，重复建设的无水港之间缺乏协调与合作，无水港功能定位尚不清晰，无法像我国沿海港口一样形成定位明确、层级清晰、干支分明的无水港层次体系。协调管理机制的不健全还体现在对多种运输方式的集结上面，当前部分无水港与沿海港口或延边口岸之间快捷高效的运输方式和运输通道并未形成，铁路运输方式的比例和效率仍需大幅提升。无水港之间协调合作的缺失加上无水港与海港或延边口岸之间便捷高效通道的缺失，影响了无水港作为货物集散和多种运输方式集结的集疏运枢纽功能的应有发挥。

（三）硬件设施条件仍需加强，物流信息化水平与相关信息系统的对接效率等影响业务运作效率和成本的软件及硬件条件有待提高

因此，如何更好地发挥无水港连通海陆的物流集疏运枢纽功能，基于无水港建设内陆地区便捷高效的国际物流网络，以提高内陆地区在“一带一路”跨境物流网络上的对外连通性、地位和水平，推动内陆地区对接“一带一路”外向型经济的发展，成为亟待解决的问题。

第二节　研究意义

一、理论意义

首先，本书站在系统科学的角度，研究了内陆地区、无水港、海港、延边口岸等重大物流枢纽和铁路、公路等集疏运通道构成的综合跨境物流网络，将传统港口物流网络的研究由海上运输网络拓展至海上运输加内陆运输以及内陆跨境运输的层次，拓展了港口物流网络的研究范围。

其次，本书对综合跨境物流网络的研究重点在陆上运输网络部分，研究的对象是以内陆地区为核心的跨境物流网络的构建与优化，研究聚焦在了内陆地区如何基于无水港这一新型物流枢纽实现在跨境物流网络上的连通性，提高跨境物流运输效率，是与传统“外向型”物流聚焦在港口或海上运输研究不同的新视角。与传统研究相比，在网络结构、外部环境与政策等方面都有新特征和复杂性，丰富了国际物流网络研究内容。

再次，基于无水港口岸延伸功能与多种运输方式集结功能的跨境物流网络，不同于传统网络的结构特征、具有较强的外部环境与政策影响特征等，增加了在网络特征分析、结构设计与组织优化研究中的复杂性与新特征，根据问题特征，将复杂网络理论、物流引力模型、多目标数学规划、主成分分析方法及有序加权平均综合评价等多种方法综合应用，并针对新特征改进应用于对应问题研究中，丰富了跨境物流网络规划、优化与评价的研究理论与方法。

二、现实意义

受地理区位、历史条件、产业基础等因素的影响，我国对外经济与贸易发展主要集中在东部沿海地区，中西部地区发展严重滞后，造成了对外贸易发展“东快西慢，东高西低”的极不平衡的整体格局。而“一带一路”倡议的提出更强调内陆地区的全面对外开放，为内陆地区外向型经济的发展提供了新的机遇，同时也极大地刺激了内陆地区对外开放的热情和需求。加之，随着我国经济结构调整和转型带来的产业向中西部地区的转移，中西部地区实际的对外贸易总量正在不断增长。内陆地区对外贸易的发展需求、对外贸易流量的流通需求，使原本阻碍内陆地区发展的国际物流通道的缺乏矛盾变得愈加凸显，因此，构建高效畅通的服务于内陆地区对外经济与贸易发展的国际物流大通道迫在眉睫，同时意义重大。

综上所述，在沿海港口争夺内陆腹地资源和内地对外开放需求双重作用下快速建设与扩张的无水港资源，其本身功能和特性应该具备为内陆地区连通国际物流通道，为沿海地区提高内陆货源集聚和运输效率提高的作用未能很好发挥。我国无水港各自为政的重复建设、盲目无序的竞争、缺乏整体规划的运营，导致当前我国无水港的功能单一、规模较小，衔接不畅、货源吸引困难，运行成本过高等一系列问题和资源浪费。本书基于无水港的内陆地区跨境物流网络的研究，有利于实现对现有无水港资源的功能定位与系统规划，构建层次分明、干支分明的无水港层次体系，实现无水港资源在国际物流网络中的有效衔接与融合，对于无水港的高效运行、集疏运物流枢纽功能的发挥具有重要现实意义。

另外，对于我国沿海港口发展有重要意义。我国沿海港口均属腹地型港口，当前港口发展已进入区域化发展阶段，港口的竞争更多地表现为所属腹地资源的竞争。内陆与港口的连接效率对港口竞争力的提升有至关重要的作用(Ferrari et al., 2011)。基于无水港的内陆地区跨境物流网络研究，有助于实现沿海港口对无水港资源的充分利用，以吸引与稳定腹地货流，同时利用无水港高效的集疏运能力提升与内陆地区的连接效率，对于提高港口货物吞吐量和港口综合竞争力具有重要的现实意义。

第三节　研 究 内 容

在分析“一带一路”背景下内陆地区发展跨境物流网络的必要性和

存在问题的基础上，在对无水港基本概念、特征及其在构建国际物流集疏运体系中的功能和作用分析的基础上，深入研究了“一带一路”背景下基于无水港的跨境物流网络特征、结构与优化问题。主要研究内容如下：

一、无水港口岸功能延伸与跨境物流网络复杂性研究

本书提出了内陆地区基于无水港形成的两类跨境网络：以无水港为起点的陆上跨境通道（中欧班列）和基于无水港与海港定向合作的海上跨境物流网络，并对其结构与特征进行了研究。基于复杂网络理论，对内陆地区通过无水港连接到“21 世纪海上丝绸之路”的广义海运物流网络的复杂性进行了分析。在此基础上，进一步研究了内陆地区在广义海运物流网络中的外向型物流连通性及其优化策略。考虑到广义海运物流网络中内陆与海港连接的新结构特性与连通性影响因素，如距离、物流成本、运输方式、物流补贴政策等，综合复杂网络分析方法与物流引力模型方法，设计了内陆地区外向型物流连通性指标体系。据此指标体系，对我国 15 个内陆省与 127 个港口构成的“21 世纪海上丝绸之路”广义海运物流网络中的外向型物流连通性特征进行了分析与原因探究，并对基于无水港提升内陆省的外向型物流连通性的优化策略与政策建议进行了挖掘和总结。

二、基于无水港的物流网络结构研究

基于无水港的口岸功能延伸构建的跨境网络虽能带给内陆地区外向型物流特征，但由于缺乏系统规划而导致无水港功能不能很好发挥，物流网络能力较弱。如何在现有无水港资源基础上，从系统角度设计内陆地区参与“一带一路”的结构合理、高效便捷、系统协调的

跨境物流网络是这部分要研究的问题。本部分研究了将内陆地区通过无水港的辐射与枢纽作用连接到沿海港口与延边口岸，进而对接“一带一路”的轴辐式跨境物流网络设计方法，提出了一个两阶段物流引力模型。考虑通关政策、物流扶持政策等因素对无水港物流综合实力的影响，研究了基于主成分分析的无水港物流质量评价方法。考虑到外环境和政策对无水港、海港、延边口岸之间物流引力关系的特殊影响，提出了一个新的“物流引力影响系数”，在此基础上设计了一种改进的物流引力模型，并根据现实需要设计了三种轴辐式物流节点连接机制。基于三种连接机制，以我国辖域内具有无水港布局的所有内陆省为研究范围，构建了 17 个内陆省的 196 个地级市与分布在其内的 39 个无水港与 13 个沿海港口、5 个延边口岸组成的轴辐式物流网络，为内陆地方政府对无水港的定位、无水港与海港或延边口岸合作，以进一步提升内陆地区在“一带一路”跨境网络中的枢纽与核心地位提出了决策支持与建议。

三、基于无水港的跨境物流组织与优化研究

基于无水港集结多种运输方式的枢纽功能，将陆上跨境物流网络与海上跨境物流网络连接形成综合跨境物流网络，综合跨境物流网络能否实现内陆地区高效畅通的外向型物流功能，以及无水港货物集聚与中转能力、对多种运输方式的有效集结能力是否能够发挥有直接关系。本部分从物流集成商的角度研究了内陆货物在综合跨境物流网络中的集成运输组织与优化问题。研究了在综合考虑内陆货物跨境运输的成本、时间及其他相关要求的基础上，在现有网络资源与条件的约束下货物集成运输组织与配置的多目标优化模型及其求解算法，研究与分析了现有网络的最优货流配置方案及其反映出的相关问题，针对问

题进一步讨论了不同网络条件情境下集成商对内陆跨境货物集成运输的最优配置方案，以期通过集成商在网络上对货流的协调有序运作，实现内陆地区国际贸易货物在跨境物流网络中的高效流通，并通过不同情境下物流集成商的最优货流配置方案反映出的问题与启示，为地方政府推动内陆地区跨境物流网络功能与效率的真正发挥提供政策决策与行动支持方向。

第四节 研究思路

根据无水港将港口与口岸功能延伸到内陆的特征，本书研究了基于无水港的内陆地区参与“一带一路”的跨境物流网络的连通性、网络规划设计与网络中的货物组织与配置优化问题，以期为形成内陆地区高效畅通的国际物流网络提供决策指导。具体研究思路与过程如下：首先是研究了无水港口岸延伸功能与跨境物流网络复杂性，证明了基于无水港构建的跨境物流网络可以实现内陆地区外向型物流功能；其次，针对当前内陆地区无水港布局混乱，没有形成结构合理、高效便捷的跨境物流网络体系的问题，提出了两阶段物流引力模型，根据各节点之间的物流引力及其设计的连接机制，通过无水港对内陆腹地的物流辐射，将内陆地区通过无水港连接到沿海港口与沿边口岸，设计了进一步对接“一带一路”的轴辐式跨境物流网络。最后，研究了基于无水港枢纽功能，将陆上跨境网络与海上跨境网络连接形成的综合跨境物流网络上的货物组织与优化问题，通过物流集成商在网络中的货物集成运输组织与配置优化，提升内陆地区跨境物流网络的运作效率，并通过不同网络条件情境下货流配置方案中发现的问题与启示，为内陆地方政府采取措施改善跨境物流网络基础条件与政策环境，优化运作流程等以推动跨境物流网络高效畅通运作，真正实现并提升内陆地区外向型物流功能提供决策参考。

第二章　研究的理论基础

第一节　无水港基本理论

一、无水港的概念与特征

“无水港”(dry port)一词最早由艺福德(Munford)在1980年的运输贸易类期刊中提出(Munford, 1980)。值得说明的是,“无水港”一词在国际和国内都有多种名称,常用的名称还有内陆码头(inland terminals)、内陆港(inland ports)、内陆枢纽(inland hubs)、内陆物流中心(inland logistics centers)、内陆货运聚集地(inland freight villages)、内陆结关点(inland clearance depots)、内陆集装箱点(inland container depots)、内陆货运中心(intermodal freight centers)和内陆货运码头(inland freight terminals)(Rodrigue, 2010; Notteboom, 1999; Roso, 2009)。

1982年的联合国贸易和发展会议(UNCTAD, 1982)报告中首次引入无水港的概念,将无水港定义为一个内陆码头,航运公司在这里为进口货物的卸货发放进口提单,为出口货物的装货发放出口提单,并承担全部责任和成本。而无水港概念第一次出现在科学类期刊要追溯到1986年,哈拉帕(Hanappe)将无水港定义为与各种各样的企业在同一地点运作的多功能物流中心,对应于欧洲经济委员会(Economic

Commission for Europe，2001)提出的货运场地概念，既没有强调与海港的连接，也没有详细说明其能够提供的服务范围。在此基础上，贝雷斯福德(Beresford)和迪贝(Dubey，1990)在对非洲无水港充分调研的基础上提出了无水港的概念，强调了海关清关的功能，即无水港作为一个公共设施的重要性，能够提升货物从始发地到目的地的转移，而不用经受中途的海关查验，就是所谓的直达运输概念。然而随后十几年内关于无水港的研究并没有继续深入。

直到进入2000年之后，在海港竞争日益激烈，海港对内陆腹地的竞争成为港口竞争的一个重要方面，多式联运开始发展，以及人们开始关注集装箱运输系统带来的一系列环境问题和压力的情况下，无水港重新被学者所关注，逐步成为研究热点(Leveque & Roso，2002)。此后的无水港定义也更加注重对无水港功能和作用的强调与描述。莱特纳(Leitner)和哈里森(Harrison，2001)将无水港定义为通过一系列物流增值服务为国际海运供应链系统提供国际贸易流通服务的内陆节点。学者罗索(Roso)是无水港研究领域的重要代表性人物，为无水港定义与功能的研究做出了突出贡献。先是2002年，勒维克(Leveque)和罗索将无水港定位为：通过高效的运输渠道和方式直接与一个或者几个海港相连通，实现对海港码头进出口业务替代效果的内陆货运场站；随后在其2007年的研究中将无水港定义为：建立在内陆地区具有海关申报、检验检疫、签发提单以及除船舶装卸之外其他港口服务功能的现代物流中心(Roso，2007)，在2008年和2009年的研究中进一步描述无水港通过高能力的运输方式，最好是铁路，与海港直接连接为客户提供如同在海港一样的货物发送或接收服务(Roso，2008；Roso & Lumsden，2009)。而克拉伊尼克(Crainic，2015)在研究无水港系统中的货物运输规划时将无水港定义为：直接连接到港口的具有高容量运输手段的内陆码头，在那里，顾客可以直接将自己的标准化单元运到海港。

卡利南(Cullinane，2012)对无水港的概念进行了综述与分析。综上所述，虽然不同国家的不同学者根据不同的侧重点给出了稍有差别的定义，但是随着无水港在实际中的发展和学者的深入研究，对无水港应该具有的基本特征逐步具备基本共识，这些基本共识是识别无水港与其他货运场站、货运枢纽、物流中心等本质区别的依据。本书将无水港的基本特征总结如下：

(一) 位于沿海港口范围外的内陆地区

顾名思义，无水港是一种不靠海不靠水的港口，即是一种不临江海、没有船舶的港口模式。它位于具有沿海港口的国家的内陆地区，或者位于隶属于一个或者几个海港腹地的内陆国家(UNCTAD，1991)。例如，Do et al.(2011)提出的在内陆国家老挝首都万象建设无水港，连接到东盟铁路通道，直通沿海港口，如新加坡港、胡志明港等。又如，建设在中国内陆地区的无水港，如西安国际陆港、江西鹰潭无水港等，将中国的内陆省份与沿海港口连接起来。

(二) 具有便捷通关的口岸功能

具有便捷通关的口岸功能是无水港与内陆其他物流中心、货运场站等的最显著区别。正如 Roso et al.(2008)指出的那样，无水港必须具备海关通关功能以满足客户的需求。每一个无水港港区范围内都有海关和检验检疫等政府部门的进驻，货运代理或者货主可以在无水港内为需要出口或者进口的货物一次性办理报关、通关和清关手续，即一次结关，在无水港一次性办理完成通关手续之后，无须像传统港口物流作业一样再次到沿海港口办理“一关三检”手续。无水港的“一次结关”便捷的通关手续，避免了内陆进出口货物流通过程中需要多次往返于内陆与港口或口岸之间办理通关手续的人力、物力和时间成本，改变了内陆地区国际贸易流通中的通关功能壁垒，极大提升了内陆地区国际贸易流通的效率，降低了国际贸易流通的成本，使内陆地区具有了像沿海港口或延边口岸一样的功能。

值得说明的是，无水港的通关功能，不仅是将沿海港口的通关服务前移到了内陆地区，同时也使得内陆地区本身具备了沿海港口或者延边口岸所具备的通关功能，正因如此，才使得“一带一路”倡议下以中国内陆地区为起点纷纷开通的中欧国际班列成为可能，内陆地区像沿海港口或延边口岸一样成为进出口物流活动的起点或终点。

(三) 通过便捷的通道将沿海港口或延边口岸功能前移至内陆地区

除了与沿海港口、延边口岸一样具有便捷的通关功能之外，无水港与海港或者延边口岸通过高效物流通道直连(Notteboom & Rodrigue, 2011)，比如无水港与海港港口之间开通的便捷高效的五定班列服务(所谓五定班列就是定点、定路线、定班次、定时间、定运价的铁路集装箱运输)，在无水港内可以完成集装箱提换单、集装箱装卸、集装箱拆箱与拼箱、堆场仓储服务等除了装卸船以外的所有业务，相当于将沿海港口或延边口岸前置到内陆地区。内陆货运代理或货主企业原来需要在沿海港口或者延边口岸完成的作业，都可以在当地的无水港内实现(Crainic et al., 2015)。

根据以上对无水港定义的综述研究和对无水港特征的总结提炼，笔者提出本书所研究的无水港的基本内涵如下：无水港是一种不临江海、没有船舶的港口模式。货物在无水港内“一站式”完成订舱、报关、报检、签发提单等一切通关手续，然后通过海铁联运的方式（部分通过海公联运的方式）将货物运送到沿海港口，直接装船出海；或者通过跨境陆上运输方式（如中欧班列、中亚班列等）将货物直接运输到境外无水港（如多条中欧班列终点站欧洲最大的无水港马德里无水港）。

二、无水港的功能与分类

根据无水港的基本定义、特征与内涵的界定，笔者将无水港具备的服务功能总结如下：

(一) 无水港的物流功能与增值服务

从无水港具有的基本物流功能来讲，斯莱克（Slack，1999）指出，从本质上讲，无水港作为货运站应该具备 4 个基本功能：货物转移，通常是在两种运输模式之间采用统一运输单元的货物转移；为货物转移做准备的货物装配功能；等待货物提取前的货物存储功能；货物交付和货物的物流运输过程与控制功能。除了上述提到的基本功能，罗索（2008）指出，无水港还应该具备报关清关、集装箱维护，以及一些其他的物流相关增值服务，以满足客户的需求，利用信息系统开展安全和控制工作。除此之外，迪斯菱锐斯（Tsilingris）和拉瓜迪亚（Laguardia，2007）还指出，与海港之间物流调度和高能力的运输决定了无水港的性能和绩效。诺特博姆（Notteboom）和罗德里格（Rodrigue，2011）从运输产业链的视角将无水港的功能总结为 3 个主要方面：卫星终端、负载中心和转移设施。图 2－1 给出了无水港到海港的出口物流作业基本流程，并对无水港物流功能进行了简单说明。

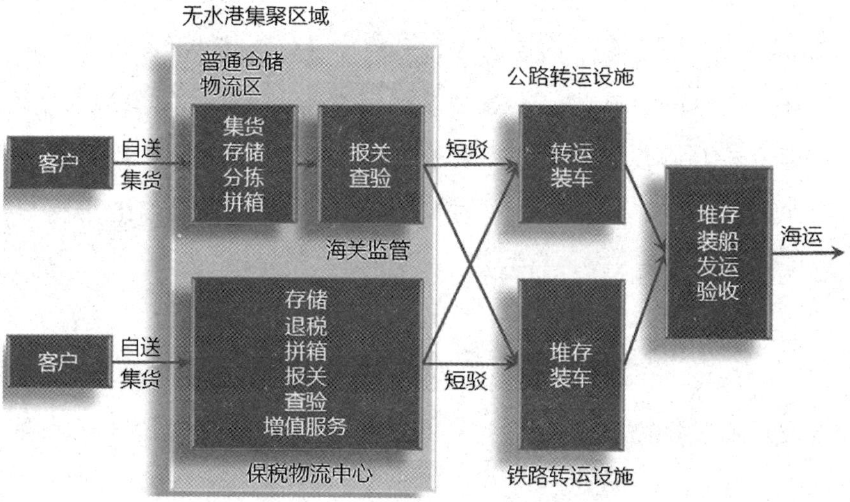

图 2-1　无水港—海港出口物流流程

因此，对无水港的功能我们可以梳理总结如下几类：

1. 国际港口属性功能

即无水港相对于其他内陆物流中心等所具有的特有功能，是无水港存在于内陆并能够快速发展的核心能力。所谓的国际港口属性功能，主要是指设置有海关、检验检疫等监管机构和设施，能够便捷、高效地完成客户所需要的通关服务，降低国际物流中的通关成本和时间浪费。

2. 基本物流功能

包括无水港作为内陆物流中心、货运场站等物流枢纽所具有的完成物流业务所应该具有的基本功能和服务，如集装箱货物装卸服务；高效高能力的货物运输服务，通常具有一种以上高效高能的运输方式，具有多式联运功能；仓储物流服务，包括货物的临时存储及仓储，集装箱货物的交接、保管、中转等集疏运服务等。

3. 物流增值服务

包括运输代理服务，接受委托代办报关、收发货、多式联运业务等；流通加工服务，提供商品包装、换装、条码等物流增值服务；提供信息系统服务以及其他增值服务等。

(二) 无水港的分类

按照无水港的功能对不同利益相关者的好处，无水港可以进一步被分为三种类型，即近距离无水港、中距离无水港和远距离无水港（Roso，2008；Roso & Lumsden，2010）。其中远距离无水港是距离海港500千米以上的无水港，这是考虑最大化铁路运营商的规模经济效益，并为广阔地理区域的一个或者多个城市提供高容量的直达运输而确定的距离。中距离无水港是分布距离海港在50～500千米的无水港，近距离无水港是分布在海港50千米以下的无水港。对于近距离无水港而言，在沿海港口的附近内陆布局无水港可以增加海港码头的货运吞吐能力，可以缓解海港城市交通拥堵压力，降低二氧化碳排放量，提升城市空气质量，因为在欧洲，一辆货车可以代替35辆客车的容量（Roso，2007）。一方面，对于远距离无水港而言，公路运输被转移至铁路运输中去，降低了长途集卡汽车在沿海港区附近的拥堵，以及由此而带来的低效作业和时间延误；另一方面，对于托运人和物流企业而言将千里之外的海港转移到了当地，提高了作业效率，降低了作业成本，同时货物进入无水港视同出境，能够提前获得出口退税等优惠政策，缓解资金压力。对于中距离的无水港而言，海港与无水港之间的运输一般由公路运输完成，是一个多种运输方式的货物集结点，一般多个铁路线路可能在此汇集，有助于高频物流流量的形成，加之较短距离带来的高频率运输，有助于实现针对同一个集装箱船货物的专用列车运输，因此也可以作为海港堆场的缓存区。表 2-1 对三类无水港的特征和功能进行了概括与总结。本书的研究针对内陆区域,以内陆省份为区域单位,不包括沿海港口所在的沿海省份,所有研究的无水港集中于远距离无水港和部分中距离无水港。

表 2-1 三类无水港的特征与功能总结

分 类	与海港的距离	主要功能
近距离无水港	<50 千米	卫星终端
中距离无水港	≥50 千米;≤500 千米	负载中心
长距离无水港	>500 千米	转运功能

三、无水港的作用与影响

无水港的特征、功能决定了其对港口物流、集装箱运输系统、区域经济发展等方面都有重要的作用与影响。从长远的角度看,无水港的发展对于海港、海港城市、航线、铁路和联运经营者、公路运营商、货物托运人,甚至整个社会来说,都有不同程度的益处(朱长征,2010)。笔者将其归类总结为以下 4 点:

(一) 有助于构建高效高能的国际多式联运大通道

从无水港具有促进多式联运发展作用来讲,无水港作为联运码头或者运输集聚点,为铁路、空运和公路多种运输方式作业提供区域,也涉及为来自港口的货物提供分配服务区域(Roso, 2005)。作为与海港或延边口岸直连的延伸口岸,无水港的有效运行依赖于多种运输方式的协调,同时也有助于推动多种运输方式的协调发展(Beresford, 2012)。它可以将铁路、公路、水路等多种运输方式整合到同一个物流网络中，形成新的海港内陆腹地布局解决方案（Veenstraa，2012）。因此，无水港是多式联运枢纽，为多种运输方式的转化提供了场所，为多种运输方式的集结提供了条件，为物流和后续配送活动提供了有价值的空间（Notteboom，2009）。多种研究表明，无水港在货物集聚和港口区域化发展、货物转运、多种运输方式集结等方面，为多式联运的发展发挥着重要作用（Monios & Wilmsmeier，2012）。

而另一方面，虽然当前的无水港多数是沿海某个或几个港口的境内服务点，但是由于无水港具有便捷通关的口岸功能，集结多种运输方式的能力，具备连通内外国际物流枢纽的作用和功能，因此能够在国际物流运输通道上发挥重要作用。通过将无水港布局到合理的国际物流网络中去，可以为内陆地区提供享受国际运输利益的更优的国际物流多式联运大通道（Do et al.，2011）。

（二）促进沿海港口区域化发展进程和对内陆腹地的把控

诺特博姆和诺德瑞（Rodrigue）等人（2005）指出，内陆无水港的存在有助于推动港口区域化发展阶段，无水港作为载荷中心和多式联运物流平台的功能相互依存、共同发展，有助于深化物流一体化整合作用，直到一个区域负载中心网络形成。除著名的中转型港口，如新加坡等以外，绝大多数港口的发展中腹地资源起到了决定性作用（黎鹏、张洪波，2004）。综上所述，在无水港的不同定义中，绝大多数的定义都提到了无水港要与一个或者几个沿海港口直接连通，作为沿海港口在内陆的延伸开展集装箱港口运输业务相关功能。为集装箱运输业务在内陆提供了集散场地、高效的中转平台和“一站式”通关报检等口岸服务，一方面，缓解了沿海港口堆场作业压力和港口拥堵，提升了沿海港口的作业质量和效率；另一方面，形成了沿海港口与内陆腹地的定向合作关系，为沿海港口带来了稳定的内陆腹地货源，提升了沿海港口对内陆资源的竞争力和把控力度，有助于提升沿海港口的综合竞争力。如 Do 等人（2011）所说的，无水港可以通过提升腹地货物集散枢纽功能及其发掘与多种运输方式连接潜力的途径，支撑沿海港口的货物吞吐能力。

在日益激烈的港口竞争中，内陆无水港的布局发展已经成为众多沿海港口开拓内陆稳定腹地资源的重要抓手。其中，最有代表性的最早发展无水港战略的沿海港口有天津港、宁波港、大连港等。以天津港为例，自 2002 年天津港建国内首个无水港，即朝阳无水港之后，天津港又相继在河北、河南、陕西等 9 个省、市、自治区建设了 25 个无水港和 5 个区域营销中心，无水港集装箱量连续 7 年实现增长，逐步形成了布局合理的网络体系，已成为天津港扩大内陆腹地范围、争取吸引内陆腹地货源的重要平台。再以宁波港为例，宁波港的无水港战略发展也很早，而且基本都是铁路五定班列实现港口与无水港的高效连接，宁波港不仅为无水港提供了便捷高效的运输通道，同时也对各个无水港的货物运输有一定程度的成本补贴等扶持政策，有效促进了以宁波港为核心的无水港发展，例如宁波港所属的江西鹰潭无水港，目前已经成为中国运作最成功的无水港之一，又如浙江的义乌、萧山无水港等将国际贸易货源集中的内陆地区与国际大港实现了无缝连接，有效促进了宁波港的货源吸引能力。

（三）助推内陆地区的对外开放

维斯塔（Veenstraa）等人（2012）指出，无水港应用口岸延伸概念为内陆腹地的托运人提供了高效便捷的接口。无水港对内陆地区的作用与影响体现在以下 3 个方面：

1. 无水港对于提高内陆地区的运输网络连接质量有重要作用(Woxenius & Bergqvist，2011)

它通过高效便捷的运输方式直接与沿海港口或延边口岸相连，为内陆港提供了联通内外的国际贸易大通道(席平;2007)，加上无水港内可以实现的口岸通关服务功能，让内陆地区直接具有了国际贸易流通的物流功能，这是无水港对内陆地区的第一个影响，同时也是最重要的影响，因为国际物流通道的闭塞和不便，是制约我国内陆地区对外贸易发展的重要原因。

2. 无水港相当于是传统海港的设施和功能复制

它可以提供统一标准的出口业务物流服务，并在同一地点完成，对于托运人和物流企业来说具有很大的吸引力，可以提升国际物流供应链的效率(Gooley，1997,1998)，实现无水港对周边内陆区域的物流辐射和物流聚焦效应(Rahimi et al.，2008)，这是无水港对于内陆地区发展的第二个影响。

3. 无水港在区域经济集聚过程中发挥着重要作用(Harder，1999)

它能够促进当地以及区域经济发展(Notteboom & Rodrigues，2005)。无水港的开发与运营本身需要大量的物质与人力的投入，另外，无水港的成功运营可以提升物流集聚效应，而高效的内陆地区国际贸易大通道的形成，更有利于吸引国内外企业入驻，带来经济集聚，有效促进就业，带来区域经济，尤其是外向型经济的发展，提升内陆地区的对外开放水平。

(四) 无水港的环境效益

港口物流网络中的碳排放问题已经被社会和越来越多的学者所关

注和研究(Lu et al., 2016; Wang & Nguyen, 2017)。而无水港旨在通过系统协调将运输转移到铁路上,降低运输系统的污染排放,降低物流成本的同时提高运输服务质量等(Roso et al., 2009),另外,陆地集装箱运输由公路向铁路的转移减少了公路交通道路占用,降低了终端城市和郊区的交通拥挤(Crainic et al., 2015),对环境保护具有重要意义,对于构建绿色环保的多式联运物流体系具有重要作用(Samir, 2015)。根据马士基航运公司 2013 年数据和中国交通运输部网站数据调研可知(见表 2-2),集装箱公路运输的平均速度为 70 km/h,单位运输成本为 2 \$/km,碳排放量为 0.472 kg/ton-km,铁路集装箱运输平均速度为 70 km/h,单位运输成本为 0.5 \$/km,碳排放量为 0.205 kg/ton-km,内河集装箱运输平均速度为 30 km/h,单位运输成本为 0.17 \$/km,碳排放量为 0.084 kg/ton-km(Lam & Gu, 2016)。因此将普通的公路运输转移至高效的铁路或者少量地转移至内河运输等方式,在保证运输时效的同时,不仅节约了运输成本,更大大降低了碳排放量。罗索(2007)从生态效益出发,建立数学模型求解在有无水港的情况下运输系统的二氧化碳排放量,发现在无水港存在的情况下,二氧化碳的排放量降低了 25%,车辆在码头的等待时间也得到了缩减。Hentuu 和 Hilmola (2011)和 Lättilä 等(2013)等同时考虑生态和经济效益,用芬兰无水港为实例,应用引力模型、数学规划和调研分析方法,研究了无水港对运输成本和二氧化碳排放的影响,对芬兰无水港的建设进行评价,通过调研比较分析了芬兰 10 个内陆城市在发展无水港之后,采用铁路运输为主的运输方式与之前传统公路运输方式下的碳排放量,证明了进入内陆港后的运输方式可以有效降低二氧化碳排放量,依据与港口距离的不同,碳排放量可减少 13%~28%。

表 2-2　海运、铁路、公路、内河集装箱运输基本数据

	海　运	铁　路	公　路	内　河
单位运输成本（$/km）	0.19	0.5	0.17	2
平均运输速度(km/h)	40	70	30	70
碳排放量(kg/ton-km)	0.084	0.205	0.084	0.472

四、内陆港发展主体与原因

二十世纪七八十年代，国际上就开始了无水港建设，截至 2005 年，欧洲约有 200 个无水港，最早的是海斯特无水港，建于 1988 年；美国约有 370 个无水港；亚洲地区约有 100 个无水港，其中最早的巴基斯坦拉合尔无水港建于 1973 年。从建设主体来看，国际上无水港的投资建设主体有多种类型，包括各级政府部门、港务当局、货运公司等。表 2-3 给出了国际上较有代表性的无水港及其投资主体（杨静蕾，2010）。Haralambides 和 Gujar(2011)对印度无水港的投资与管理部门、定价政策以及公私合作的机会进行了分析。而 Nguyen 和 Notteboom(2016)研究发现，在发达国家的无水港由沿海港口驱动建设的无水港比较多，而在发展中国家由内陆地区驱动建设的无水港比较多。

表 2-3　国外部分无水港投建主体

无水港名称	地　区	投建时间	投 资 主 体
卡卢加无水港	俄罗斯	2010 年	政府全资投建
欧洲北海无水港	欧洲北海地区	2008 年	政府主导（欧洲地区发展基金 50%）、港口及运输公司辅助投建
弗吉尼亚无水港	美　国	1989 年	港口公司(弗吉尼亚港口集团)全资投建
锡亚尔科特无水港	巴基斯坦	1984 年	货运公司集资投建

我国的无水港建设起始于2000年之后，在沿海港口对内陆资源竞争加剧和内陆地区对外开放需求扩大的双重作用下快速发展（封学军等，2013），截至目前，我国无水港的数量已经达到136个，并且仍在快速扩张之中。与国外无水港发展类似，投建主体也主要分为沿海港口、地方政府、企业集团等三大类型，其中最主要的是沿海港口集团主导建设、地方政府主导建设，或者沿海港口与地方政府合作建设。

我国无水港出现较晚，但发展较快，是与无水港在我国发展的原因，与我国经济社会发展实际直接相关的。总结来看，我国无水港的发展原因可以分为如下两个重要方面：

（一）沿海港口吸引内陆腹地货源的需要

我国沿海港口基本属于腹地型港口，建设成为像新加坡、釜山一样的中转型港口，在地理位置和其他方面都存在不足，因此对我国沿海港口而言，腹地资源是港口赖以生存的基础条件。依据德国学者Erich A. Kautz的《海港区位论》理论，腹地是海港发展的最重要因素。而Cullinance和Wilmsmeier（2011）用产品生命周期理论证明了沿海港口发展无水港能够增长其“成长期”和“扩张期”。

综上所述，宁波港、天津港、大连港、厦门港、青岛港等都是无水港战略实施的典型代表。无水港战略成为宁波港克服与上海港较多重叠腹地，应对上海港强势竞争的有效手段；无水港战略是天津港应对东北亚港口圈的高度竞争，解决直接腹地资源不足以支撑其发展的积极手段；再以大连港为例，在东北亚港口竞争日益激烈、宏观经济形势严峻，直接腹地经济持续低迷的情况下，大连港为保持并持续稳定吸引腹地货源的能力，利用东北地区发达的铁路线路不断与内陆省市合作共建无水港项目，将货源腹地由港口周边地区扩大至东三省，明显提高了大连港对货源的控制能力。

（二）内陆地区对外经济发展的自身需求

改革开放经验告诉我们，对外开放对我国经济发展有非常重要的作用。而深居内陆的中西部地区，远离海港，成本高昂的国际航空运输比例又相对很低，缺乏便捷的对外开放物流通道，成为制约我国中西部内陆地区对外经济发展的主要障碍，造成了我国当前"东高西低"的对外贸易格局（谢守红，2008；李练军等，2007）。而随着经济结构的调整，产业向中西部的转移，以及自贸区、"一带一路"倡议的不断提出，中西部内陆地区对外贸易不断发展，对外开放需求不断增加。尤其是"一带一路"倡议，作为迄今为止我国实施的范围最广、强度最大的区域合作政策，强调实现我国全面对外开放，直接将内陆地区推向对外开放的最前端，给内陆地区带来前所未有的开放机遇与需求（柳思思，2014）。

就内陆地方政府而言，一方面，发展无水港可以建立与沿海港口的密切合作关系，构建内陆地区对外开放的物流大通道，为国际经贸流通提供基础保障，为内陆地区国际贸易发展带来好处；另一方面，也可以同时提升地方政府的政绩和影响力，对地方政府本身带来利益。因此，内陆地方政府纷纷主导投资建设无水港，将无水港建设作为推动内陆地区国际贸易发展，融入"一带一路"建设，争取对外开放高地的新抓手。

需要说明的是，也存在部分由内陆企业主导建设的无水港，比如2016年8月8日，神华集团与天津港签署战略合作协议，打造西部无水港、东部天津港、中间神华铁路专用线，形成一条自西向东运输煤炭、钢铁等货物，自东向西运输其他社会物流品类的运输大通道，然后通过大通道和天津港将内陆地区与东南亚地区、日韩地区以及地中海地区沿线国家的贸易串起来,被称为"无水港+神华专用线+港口"创新模式,一方面增加了神华集团丰富的铁路专用干线的利用效率;另一方面弥补了天津港发展无水港过程中铁路运输比例较低的问题,属于双赢合作机制。

根据本书对我国无水港当前建设情况的文献和实际情况调研,在我国无水港出现的早期阶段,沿海港口主导建设的无水港占主要比例,尤其出名的是天津港、宁波港等港口集团都较早开展了内陆无水港战略。近几年,随着内陆地区对外开放的需求增长,尤其是自贸区、"一带一路"倡议提出之后,地方政府主导投建的无水港数量开始快速增长。

五、无水港物流系统规划与优化研究综述

随着政府和业界对无水港的关注提升,对基于无水港的多式联运网络的系统规划和物流管理问题逐渐成为关注的焦点。总体来讲,无水港在物流系统中的规划与优化研究可以分为 3 个层次,即战略决策层、战术规划层和无水港内部运作优化层(Crainic et al., 2015)。

无水港战略决策层面的研究主要集中在对无水港的布局和基于无水港的集装箱物流网络的设计方面。罗索等人(2009)指出,合理地布局无水港非常重要,因为它在连接海港与腹地资源方面发挥着越来越重要的作用。Robinson(2002)从无水港和海港的功能关系入手提出了多种不同的空间配置方案。Mansour(2008)分析了在洛杉矶周围 5 个县的内陆港,应用 location-allocation 方法建立了一个新的能够带来一定比例降低拥堵和污染的货物流动网络架构。Henttu 等人(2011)从经济效益出发,以瑞典的港口运输网络为背景,研究了无水港的布局数量对经济效益的影响,得到在不超过 6 个无水港的情况下,运输成本随着无水港数量的增加而减少。Monios and Wilmsmeier (2012)通过基

于无水港和离岸物流枢纽的新通道重构了面向大型船舶的运输链。Feng 等人(2013)从货运公路铁路配置概率视角对无水港的布局与货流配置建立了 location-allocation 非线性规划数学模型进行了研究。Ambrosino 等人(2014)以意大利的热那亚港为背景,在两层加权的多通道图基础上给出了一个混合整数规划模型,考虑公路和铁路联合运输的方式,研究了多式联运模式下的无水港选址问题。

以上的无水港布局相关研究,基本上采用了基于数学规划和其他数学模型的研究方法。无水港布局规划涉及政策、财务、土地、环境等诸多错综复杂因素的影响,因此还有一些无水港的布局研究中采用了综合评价方法和案例分析方法。例如,Change 等人(2011)应用模糊 C 均值聚类算法研究了无水港的选址问题;Flämig 和 Hesse(2011)从港口区域化发展中触发的城市拥堵、土地消耗、土地利用冲突、相邻区域矛盾等大量规划冲突角度,用案例研究的形式研究了无水港的布局规划问题;Samir 等人(2014)应用德尔菲方法和多准则分析方法研究了西班牙无水港选址的质量;Samir 等人(2015)基于一种贝叶斯网络和多准则决策分析的方法研究了无水港选址的可持续性问题;Nguyen 和 Notteboom(2016)从多利益相关方的角度提出了一个发展中国家无水港布局的多准则框架,并将此多准则分析方法应用在越南进行了分析。

关于无水港的布局问题,国内学者也有较多的研究,研究方法也主要包括多指标评价方法和数学规划方法,以多指标综合评价法为最多。陈菊红和黄鹏(2011)从内部建设水平和外部发展环境等两个方面构建了国际陆港竞争力评价指标体系,并运用 Fuzzy - ANP 评价方法进行实证研究。冯杜苗(2011)在分析陆港对进出口物流成本影响的基础上,借鉴水系理论,构建了物流海拔和梯度的计量模型,分析陆港功能与物流地形的关系,得出了枢纽型陆港布局的一般条件和原则。常征和吕靖(2012)在识别无水港项目投资风险基础上，提出基于支持向量机理论的风险评价模型，并对天津港无水港项目进行实证分析。常征(2013)从环境和货主利益的角度用两阶段数学规划模型研究了大连港腹地无水港布局。封学军等人(2013)以区域海港—无水港网络为研究对象，构建了区域海港—无水港网络总体优化的双层规划模型来对区域海港群—无水港系统布局进行协同优化。梁承姬等人(2016)构建了集合覆盖模型和模糊聚类分析两种模型，从地理位置因素和经济因素等两个不同的角度出发对无水港的选址进行了研究。

可以看出，无水港物流系统宏观战略层的研究主要集中在无水港节点的布局研究，对无水港所在物流网络系统整体的规划与优化研究还比较少，对于将无水港纳入国际多式联运物流网络进行研究的则更为鲜见。虽然 Do 等人(2011)在分析无水港特征、发展条件和印度支那地区运输系统基础上提出了一种建设无水港系统发展国际物流通道的设想，但只是基于定性描述而提出了一个设想，但并没有定量分析。本书基于无水港对内陆地区跨境物流网络的规划设计，是对基于无水港的物流网络系统整体的规划，填补了之前研究的空白。

在无水港战术规划层的研究方面，研究问题的范围涉及无水港输配送网络中的物流资源配置与调度、网络系统运作流程设计与优化等，比如网络中的车辆调度、货物组织与配置、运输或配送路线的规划设计、集装箱运输过程中所涉及利益相关者利益最大化的物流一体化服务等内容(Crainic et al., 2015)，但是当前相关研究还比较少。Crainic 等人(2015)填补了这方面研究的空白，通过对基于无水港的多式联运货物运输系统所面临的问题与挑战的讨论，从战术规划层面研究了基于无水港的多式联运系统终端(腹地货源地或货物需求地终端与沿海港口终端)之间的最优路径和班列调度问题，提出了一种基于混合整数规划数学模型的服务网络设计模型，以现实区域运输中的一个实例进行了分析与讨论。其研究对象是基于无水港的多式联运系统，这是对无水港按功能和与海港的距离分类的基础上构造的多类无水港之间互联互通各自发挥自身作用的多式联运系统。而结合当前的无水港发展阶段，绝大多数国家的无水港发展仍处不成熟的阶段，功能明晰、有机协调的无水港运输系统尚未形成，尤其是在中国和其他发展中国家，无水港多为内陆地方政府主导建设，无水港之间彼此连接协调合作的关系机制尚未形成，这严重制约了无水港的中转、集聚货流和多种运输方式等核心功能的发挥。因此，虽然战术规划层面的相关研究还比较少，但却非常必要。

在无水港内部运作层面的研究方面，研究范围主要是指针对无水港内部最优化运作而开展的各类相关研究。例如，无水港内货物的装卸搬运作业研究、转运集装箱研究、无水港内车辆或其他物流资源的调度问题、通关服务和检验检疫服务相关研究、安全问题研究、集装箱维护维修、无水港内货物库存管理研究等。因为无水港就是海港除船舶装卸作业外的所有服务功能的内陆延伸，无水港内部运作研究内容与海港码头运作研究内容是相类似的，而码头运作优化已为其积累了丰富研究成果。例如，在集装箱码头内部研究的为集装箱装卸作业服务的泊位分配（Venturini et al.，2017；Hansen et al.，2008；Imai et al.，2001）与调度问题（Kim & Moon，2003；Reinhardt et al.，2016）、集装箱的存储与转运问题（Nishimura et al.，2009）、桥吊调度问题（Meisel & Bierwirth，2013；Türkoğullar，2016）等。以上这些是与码头运作相同的研究内容。另外，根据自身特点，无水港也有与码头运作所不同的研究问题，例如 Qiu（2015）考虑到无水港运营方利润最大化和托运人成本最小化目标，应用双层储存定价模型研究了无水港集装性存储作业的定价问题，是针对无水港内运作作业与运作利益相关方特点展开的仓储定价研究。

第二节　物流连通性文献综述

“连通性”最早由 Mine 和 Kawai（1982）在对数学的可靠性研究中提出，最初是指网络的连通和不连通两种简单的状态划分，是用来表征网络中任意两个节点间保持连通的概率的概念。后来连通性概念由两点之间的连通性扩展至多点之间的连通性，以及整个网络的连通性（Iida & Wakabayashi，1989）。

在数学和计算机科学中，连通性是图论的基本概念之一，它表示分离网络中的节点所需要删除的最小元素数量（节点或边），是衡量网络恢复能力的重要指标（Diestel，2005）。

随后，连通性概念被引入交通运输与物流领域。在交通运输领域，Márquez-Ramos 等人（2011）将连通性的定义分为狭义和广义两种。狭义上的连通性是指在网络中任意取两个点，如果这两个节点之间有路径可以彼此到达，那么网络中的这两个节点是连通的，仅限于运输网络的物理属性。广义上的连通性包括那些与服务特性和运输运营商合作有关的因素，这些因素对于运输网络的效率和有效性至关重要。

对于交通运输领域中的连通性研究主要集中在道路网络的连通可靠性评价（Brunild & Francois，1991；徐军、罗嵩龄，2000；Pan & Deng，2008），道路网络的连通性恢复与优化（吴俊、谭跃进，2005；Kasaei & Salman，2016）。

而在物流连通性领域的研究主要集中在物流信息系统的连通性（Swink et al.，2005；Mondragon et al.，2009）、全球供应链网络中的物流连通性（Kunaka，2011；Farole，2012）、海运物流网络的连通性（Lee et al.，2016），以及物流连通性对经济、贸易发展的影响（Laura et al.，2013），其中海运物流网络的连通性研究最多。

本书重点关注海运物流连通性方面的研究。海运物流连通性对于促进区域和全球经济发展具有重要意义，正日益受到学者越来越多的重视（Lee et al.，2016）。通常来讲，按照研究内容的不同可以将海运物流连通性的研究分为三类。

一、海运物流连通性的影响研究

比如对国际贸易的影响研究。Luisa（2013）、Tenrini 和 Damayanty（2014）分析了海运物流连通性对区域性和与全球性对外贸易的影响；再比如对物流连通性与其他因素之间的关系影响研究，Wilmsmeier 等人（2006）考察了拉丁美洲 16 个国家的海运贸易情况，发现港际连接对国际海运费用有重大影响；Márquez-Ramos 等人（2005）用主成分分析法（PCA）建立了 3 个复杂连通性成分变量，分析了西班牙出口海运成本的决定因素及其对国际贸易流动的影响；Wilmsmeier 和 Hoffmann（2008）分析了班轮运输连通性对加勒比海地区运价的影响及其相互关系。以上研究都是海运物流连通性与其他因素的关系及对其他因素的影响研究，属于海运物流连通性的影响研究。

二、从国家层面上的研究

对以国家为研究单位的海运物流连通性的评价与分析，支持决策者提高国家的物流竞争力，从而提高本国对外贸易的竞争力。大多数文献采用班轮运输连接性指数(LSCI),来描述国家的海运物流连通性。班轮运输连接性指数(LSCI)由 Hoffmann 于 2005 年提出,并由联合国贸易和发展会议(UNCTAD)进行了发布(Hoffmann, 2005)。此后联合国贸易和发展会议每年都会发布趋势以及彼此之间的差别(Asariotis et al., 2011)。

三、海运物流连通性研究

是集中于港口层面的特定港口在海运物流网络中的连通性研究,也是所有研究中比重最高的研究(Wang & Cullinane 2016)。而港口连通性研究按照研究网络地理范围的不同又可以分为 3 种类型,在这三种类型的研究中,在计算港口连通性中所考虑的因素也由简单到复杂越来越多。

(一) 港口连通性的研究是对海运物流供应链范围内的港口连通性研究

Low 等人(2009)基于每一港口的出度和入度局部信息直接测算了港口的连通性。随后在评价港口连通性时又加入了更多的因素,比如港口服务能力和频率、港口费用等因素(Lam & Yap, 2011; Tang et al., 2011)。但是以上所有研究的地理范围都集中在一个海运物流供应链或者极小的一个海上运输网络区域范围内。

(二) 港口连通性的研究是在大范围区域性和全球性海运物流网络范围内的港口连通性研究

Jiang 等人(2015)提出了一个分析港口连通性的框架,从全球集装箱班轮运输网络的角度,考虑集装箱通过中转港口的转运问题。Wang

和 Cullinane(2016)开发了一种用于测量港口中心性的研究框架，以评价港口在区域和全球海运网络中的相对重要性。他们的研究将海运物流网络的地理范围扩大至大区域和全球范围。

上述所有研究仅仅集中在海运物流网络的水上一侧的连通性研究，而忽略了对海运物流网络陆地一侧的研究，这有可能会带来港口连通性评价的片面性。Wang 等人(2016)发现了这一问题，并且提出了一个评价海运物流网络港口连通性的综合指标，该海运物流网络包括沿海海运市场，区域性喂给服务，延伸的港口—腹地系统，包括了海上一侧和陆上一侧两个部分，因此与前面的研究相比，他们提供了一个更为全面的港口连通性概貌。但值得注意的是，虽然陆侧要素比如腹地要素加入了港口连通性评价体系中，但是陆侧部分仅仅是作为影响沿海港口连通性的一个因素。

第三节 引力模型研究综述

应用于社会科学各领域的引力模型起源于牛顿万有引力定律，用来预测和描述事物间相互作用行为。在牛顿的物理学“引力法则”中，两个物体之间的引力与它们的质量成正比，与它们之间的距离成反比。社会经济领域的引力模型产生基于经济现象(或经济实体)之间的相互作用关系，随彼此之间距离的增加而减小的距离衰减原理，这是引力模型的核心思想。

Reily(1929)第一次将引力模型应用于社会科学领域的城市空间相互作用的研究中。Stouffer(1940)提出了中介机会的概念，解释了距离衰减规律中的运动随距离衰减的原因。随后，Tinbergen(1962)

和 Poyhonen(1963)研究发现,两国的双边贸易流量与它们之间的距离成反比,与它们各自的经济总量成正比,将引力模型第一次应用在了国际贸易领域。至此,引力模型在城市空间、国际贸易、区域经济、人口流动与分布(Grange 和 Fernández, 2010)等社会经济领域开始广泛应用。

而引力模型的突出特点是将经济实体之间的自然间隔(地理上的间隔)与经济实体的自身属性,以及由自然间隔和自身属性所带来的彼此之间的相关作用关系,同时考虑在一个分析体系之中。存在自然间隔,彼此之间相互作用的发生就存在交通运输与物流,引力模型将运输物流系统与社会经济活动建立起了直接的联系,非常适用于交通运输系统(Helena, 2015)、物流系统。而随着人们对物流在空间经济中重要作用的认识,空间相互作用模型开始在物流的研究中应用(Sheu 2003),引力模型在物流领域的应用逐渐增多。

引力模型在物流领域的一个很重要的研究方向就是应用基于引力模型的实证研究框架,研究物流相关因素对贸易发展的影响(Martínez-Zarzoso et al., 2003; Wilson et al., 2005; Márquez-Ramos et al., 2011)。例如,Behar 等人(2013)应用引力模型解释了综合国际物流指数中的企业异质性和多边阻力,研究了国际物流对发展中国家出口规模的影响及其影响大小与国家规模的关系。Luisa 等人(2013)应用引力模型研究了运输连通性对西班牙各个区域贸易流量的影响。Bensassi 等人(2015)以西班牙出口贸易为例,在西班牙 19 个地区至 64 个目的地(45 个国家和 19 个西班牙地区)的双边出口数据基础上,构建了一个扩展的贸易引力模型,分析了物流对出口贸易的影响,结果显示,物流对货物的流动有非常重要的作用,尤其强调了区域一级物流水平的重要性,特别是物流设施的数量、规模和质量对出口货流产生着积极影响。

引力模型在物流领域的另一个重要应用，就是基于引力模型的物流网络的设计规划与优化。Wang(2009)应用引力模型对面向中国—东盟自由贸易区(GZARFCAFTA)的广西壮族自治区的航空物流网络进行了设计。Hu(2013)以区域经济发展的需求为出发点，运用空间相互作用理论，构建了一个基于引力模型的区域物流链接优化方法。Xiao(2011)用物流引力模型来确定最佳配送中心位置以减少物流成本，从而构建一个新的供应链网络。刘荷和王健(2014)以我国海峡西岸经济区 20 个城市为例，用主成分分析方法确定了辐点城市和轴心城市，应用物流引力模型对轴心城市对辐点城市的物流引力进行了测算，确定了轴心城市的辐射范围，建立了海峡西岸城市群的轴辐式物流网络。王佩佩等人(2016)应用物流引力模型构建了新疆辐点城市到轴心城市，再到边境口岸的面向丝绸之路经济带的轴辐式物流网络，并对构建节点城市与边境贸易口岸相结合的区域物流网络进行了针对性的分析。

其中，引力模型在海运物流网络的构建与分析研究是引力模型在物流领域应用的一个重要方面。例如，在港口与港口之间关系的研究中，谢京辞和张雅丽(2014)研究了以青岛港和日照港为例，用引力模型研究了港口与港口之间的作用关系。在海运物流网络港口与腹地关系的研究中，杨家其(2002)基于模糊综合评价法构建了现代港口腹地划分的引力模型；Zhang(2008)应用引力模型和主成分分析方法，对与港口合作的内陆物流园区的货物吞吐量进行了预测，提出了物流园区货物吞吐量三阶段预测方法。在海运物流网络连通性对贸易发展的影响方面，物流引力模型也有重要应用。Ferrari 等人(2011)应用引力模型评价了货物流和距离是如何塑造了港口腹地范围的。Fugazza 和

Hoffmann(2017)基于2006—2013年的集装箱出口贸易数据,应用引力实证模型,研究了国家间海运航线的连通性对出口贸易的影响,指出贸易伙伴间海上航线的直接连通在双边出口方面有重要的决定性作用,而距离的影响其实可能被高估了。

第三章　无水港口岸功能延伸与跨境物流网络复杂性

第一节　基于无水港的内陆跨境物流网络分类

由于无水港将口岸和港口功能延伸至内陆地区的特殊功能，无水港在货物集聚、中转，以及多种运输方式集结等方面的重要功能，在“一带一路”背景下，其向西作为“丝绸之路经济带”跨境物流网络的内陆起点，向东连接沿海港口连通“21世纪海上丝绸之路”物流网络的海陆连通枢纽功能得到凸显，成为内陆地区对接“一带一路”，拓展对外物流通道，争创“一带一路”开放型经济新高地的重要抓手。因此，在“一带一路”倡议实施之后，以内陆地方政府为主导的无水港建设开始快速扩张。而无水港的快速扩张建设有没有提升内陆地区服务于外向型经济发展的物流连通性，如何利用已建成的无水港与“一带一路”跨境物流网络节点建立有效的合作机制，以优化提高自身与“一带一路”跨境物流网络各节点的连通效率，提高自身参与“一带一路”跨境物流网络的重要性地位，即分析内陆地区自身在“一带一路”跨境物流网络中的连通性特征，研究内陆地区外向型物流连通性优化策略，成为内陆地区亟须考虑的问题。

目前内陆地区建设无水港参与"一带一路"物流网络的方式有两种,一种是通过无水港与沿海港口的合作关系,通过辖域内的无水港连接到沿海港口,再通过沿海港口连接到"21 世纪海上丝绸之路"物流网络中的其他港口节点,构成内陆地区参与的"21 世纪海上丝绸之路"港口物流网络;另一种方式是内陆地区以辖域内无水港为起点,开通直达欧洲,或者亚洲"丝绸之路经济带"沿线国家的中欧班列或者中亚班列。但由于各地区开通的中欧班列或中亚班列彼此孤立、成线不成网的现状,本章选择较为成熟的内陆地区(以省为单位)参与"21 世纪海上丝绸之路"港口物流网络为分析对象,对当前内陆省参与的"一带一路"物流网络的复杂性特征、内陆省在"一带一路"物流网络中的外向型物流连通性特征进行了分析。

"21 世纪海上丝绸之路"沿线港口物流网络是非常复杂的。已有学者对全球海运物流网络的统计特征进行了分析,发现全球海运物流网络存在"无标度"和"小世界"等特性,与复杂网络统计特征一致,而且复杂网络分析方法也开始作为一种评价与分析港口连通性的有效方法,在海运系统中被逐步应用(Xu et al., 2015)。内陆地区通过无水港参与的"21 世纪海上丝绸之路"港口物流网络覆盖了全球海运网络一半以上的范围,再加上网络中又新增了内陆节点的连接关系,因此更具有复杂性。面对无水港参与的"21 世纪海上丝绸之路"港口物流网络的复杂性,内陆地区理解其在整体网络中的物流连通性、地位和作用变得非常困难。但内陆地区对自身在整体网络中的连通性、地位和作用的理解却非常重要,它可以为内陆地方政府采取有效的政策与行动提供决策参考,而内陆地方政府的决策和行动,对物流网络的发展具有重要的作用与影响(Yang et al., 2014; Wu et al., 2016)。

然而,尽管内陆地方政府已经意识到评价分析内陆地区的区域性与全球性海运物流网络中的外向型物流连通性的重要意义与作用，但是内地地区的物流连通性研究却鲜有涉及。为了填补该研究领域的空白，本书以内陆辖域内无水港与海港建立的定向合作协议关系新视角为切入点，研究了我国内陆地区在“21世纪海上丝绸之路”物流网络中的外向型物流连通性。构建了一个包含海侧部分和陆侧部分的广义海运物流网络，其中海侧部分由“21世纪海上丝绸之路”沿线港口及其连接关系构成；陆侧部分由我国内陆省份通过其辖域内无水港与海港的合作关系而建立起的与海港的连接关系构成。

本书提出的内陆省参与的“21世纪海上丝绸之路”广义海运物流网络与传统物流连通性研究中的海运物流网络有两个最大区别。首先，网络有两种类型的核心节点，一类是传统网络中同样具有的海港节点；另一类是内陆地区节点，这些节点是新的节点。其次，传统网络中的运输模式是船舶运输，但该网络运输方式是多样的、复杂的：海港与海港之间的模式是船舶海洋运输；无水港与海港之间的运输模式是铁路、公路，甚至是内河运输。此外，不同的无水港与海港之间存在合作机制、物流设施条件、物流成本、对物流的扶持政策等影响物流连通效率的多样性因素。

因此，本书研究的是具有复杂结构特征的广义海运物流网络中内陆地区节点，而非港口节点的外向型物流连通性，这与传统的港口连通性研究是不同的。首先在网络结构复杂性统计特征分析基础上，根据网络的特点，构建了基于复杂网络理论和方法的内陆地区节点外向型物流连通性指标体系。其中包括度中心性(Degree Centrality, DC)和影响修复性(Susceptible-Infected-Recovered, SIR)指标。考虑到影响内陆节点到海港陆上运输可达性的各种因素，包括距离、物流成本、运输方式、物流扶持政策等，提出了一种新的指标，即改进的接近中心性(Improved Closeness Centrality)，用于网络中内陆节点的相对可达性的研究。然后对内陆省份外向型物流连通性进行了分析，并对内陆省份的连通性优化策略进行了挖掘和总结。提出了内陆省份连通性改进方案，以验证这些策略。为内陆省分析自身在“21世纪海上丝绸之路”跨境物流网络中的连通性问题与特点，提升对“21世纪海上丝绸之路”战略的参与程度和影响地位，进而促进其参与“一带一路”的外向型物流网络发展提供了决策视角与方法。

第二节　以无水港为起点的“丝绸之路经济带”跨境物流通道

一、通道构成

通过对当前我国内陆各省参与“一带一路”物流网络的实践调研数据可知，在“一带一路”倡议实施之前，我国内陆省份与“丝绸之路经济带”沿线国家的贸易流通通道主要是依靠内陆地区陆运到国内沿海港口，国内沿海港口海运到国外沿海港口，再转内陆运输到相应国家或地区的目的地的多段式运输方式；而“一带一路”倡议实施后，内陆省在中国铁路改革的机遇期，借助于原有或者新建省内无水港为起点，开通了从国内内陆省份直达欧洲目的地的中欧班列（有的只开通通往亚洲内陆国家的局部路段，称为中亚班列）。

所谓中欧班列，是指中国开往欧洲的集装箱编组快速货物班列。目前开通的中欧班列的起点基本是各省内的具有无水港特性的铁路集装箱中心站，然后经由中国新疆阿拉山口（霍尔果斯）边境口岸出境，或者内蒙古的二连浩特或者满洲里边境口岸出境，分别称为西部通道中欧班列运行线、中部通道中欧班列运行线和东部通道中欧班列运行线。

截至2017年5月，我国已经开通51条中欧班列运行线路，国内开行城市达到28个，目的地可以到达欧洲11个国家29个城市。部分中欧班列路线见表3－1。

表3－1　部分中欧班列路线

班列名称	始发地	详细地址	终点城市	出境口岸	全程距离（千米）	最快时间（天）
郑欧	郑州	郑州圃田站	德国汉堡	阿拉山口	10 245	15
义新欧	义乌	义乌铁路西站	马德里	阿拉山口	13 052	21
苏满欧	苏州	苏州铁路货运西站	波兰华沙	满洲里	11 200	15
渝新欧	重庆	重庆团结村站	杜伊斯堡	阿拉山口	11 000	13
蓉欧快铁	成都	成都城厢站	波兰罗兹	阿拉山口	9 965	10.5
汉新欧	武汉	武汉吴家山站	杜伊斯堡	阿拉山口	10 700	15
合新欧	合肥	合肥北站	德国汉堡	阿拉山口	11 000	15
中欧班列（广东）	东莞石龙	广东铁路国际物流基地	杜伊斯堡	满洲里	13 488	19
湘欧	长沙	长沙霞凝货场	杜伊斯堡	阿拉山口	11 808	18
营满欧1	营口	营口港	波兰华沙	满洲里	10 500	14
营满欧2	营口	营口港	斯洛伐克多布拉	满洲里	11 000	15
长满欧	长春	长春东站铁路货场	施瓦茨海德	满洲里	9 800	15
中欧班列（西安1）	西安	西安新筑站	匈牙利布达佩斯	阿拉山口	9 312	17
中欧班列（西安2）	西安	西安新筑站	波兰华沙	阿拉山口	9 048	12
中欧班列（兰州）	兰州	兰州新区北站	德国汉堡	阿拉山口	8 027	15

二、通道特征与问题

“一带一路”强调互联互通。互联互通构建畅通高效的跨境物流通道是“一带一路”倡议的基础和先导。因此,自“一带一路”倡议提出以来,各地方政府纷纷开通中欧班列,对接与落实“一带一路”倡议,抢占高地。但是在中欧班列快速发展的同时,也存在很多突出问题(许英明,2015)。

(一) 腹地重叠,无序竞争,靠财政补贴维持运行

班列国内腹地重叠,导致内部货源吸引的恶性竞争。例如重庆、武汉、成都、长沙等中欧班列,起点距离很近,各班列本地的产业结构与发展情况所限,无法满足各条班列的常态化运作所需要的货源,因此周边货源的竞争在所难免,形成货源地几乎重叠的竞争格局。为了竞争“一带一路”新起点,各地开通的中欧班列对内部货源的吸引上不计成本的采用政府补贴运费的方式,而对外部沿线国家运价不议价,出现以低价为手段的恶性竞争局面,并直接导致“鹬蚌相争,欧洲得利”局面。目前运营的中欧班列几乎都是靠财政补贴在维持。表 3－2 给出了有代表性的几条中欧班列的补贴情况与力度(许英明,2015)。

表 3－2　有代表性的几条中欧班列的补贴情况

中欧班列	财政补贴措施
郑欧班列	郑州除参照海运价格对班列公司进行财政补贴外,还对 1 500 千米以内货源地的货物实行免费集结。补贴后门到站价格仅为 3 000～6 800 美元,而如果不采取补贴政策,一个箱子 1 万美元左右的运价
渝新欧班列	对笔记本等企业的电子产品直接参照海运价格进行专项补贴,补贴力度不低于郑州

续表

中欧班列	财政补贴措施
汉欧班列	按每标箱进行定额补贴，补贴标准不低于重庆、郑州、西安等地。政府承诺，补贴办法 5 年内保持不变，具体补贴金额根据水运市场的价格变化一年一定，直至“汉新欧”完全实现市场化运作，核算下来，相当于政府补贴了铁路运价的 60%～70%
蓉欧班列	参照海运价格进行补贴，补贴期限为 3 年。
兰州号中欧班列	甘肃对中欧班列运营企业和货运企业均有补贴，其中货运企业每标箱可获得 6 000 元补贴

(二) 缺乏系统规划，成线不成网，回程空载严重

据商务部 2016 年对中欧班列的统计调研，中欧班列各条路线开往同一区域或目的地的线路高度重复，既带来国内货源的竞争，也导致国外回程货源的激烈竞争，以及对铁路资源的严重浪费。另外，中欧班列各条线路孤立存在，由起点直达终点，这种成线不成网的物流通道系统，不利于实现彼此的合作与协调，进一步加剧了无序竞争与资源配置混乱浪费的问题。

(三) 通关烦琐，换轨频繁，运行成本高企

中欧班列由于经过国家较多，通关需要多国协调，浪费在通关和检验检疫等手续方面的时间不同程度存在，同时加剧了地缘政治对中欧班列顺利通行的风险。又由于中欧班列沿途各个国家的轨距标准不一致，经过不一致轨宽时要实施换轨，也就是换车程序，影响列车运行速度和时效。比如“义新欧”要顺利实现在义乌与马德里之间的往返开行，要先后在哈萨克斯坦、波兰和法国与西班牙交界的伊伦进行 3 次换轨。另外，列车运行过程中在国内段每过一个铁路局管辖区需要更换

一次司机，例如从义乌出发要换7次司机才能达到阿拉山口口岸，在境外路段，每经过一个国境线更换一次司机。因此中欧班列的运行中存在多种运维流程等方面的现实问题，导致运行成本高企不下，需要进一步协调、优化。

综上，根据中欧班列目前的运行现状和问题的总结，可以知道，中欧班列还处于发展的起步阶段，成线不成网的彼此孤立格局，直接导致内陆地区还不能依赖中欧班列融入国际物流网络中去，因此，本书对内陆地区参与“一带一路”网络的分析，舍弃了中欧班列在“丝绸之路经济带”上的物流通道部分，选择了依托内陆地区无水港与沿海港口合作，将内陆地区通过无水港连接到沿海港口，进而连接到“21世纪海上丝绸之路”而形成的港口物流网络进行分析。

第三节　基于无水港的广义“21世纪海上丝绸之路”海运物流网络

由沿海港口为节点以港口与港口之间航道为连线构成的物流网络称为港口物流网络或者海运物流网络。而由“21世纪海上丝绸之路”沿线港口为节点，以港口与港口之间的航线为连线构成的网络称为“21世纪海上丝绸之路”港口物流网络，或者“21世纪海上丝绸之路”海运物流网络。本书研究的是我国内陆各省在“21世纪海上丝绸之路”海运物流网络上的物流连通性特征，将内陆省作为节点连接到原有“21世纪海上丝绸之路”海运物流网络中去，构成新的广义“21世纪海上丝绸之路”海运物流网络。

一、内陆省、辖域内无水港及其与沿海港口的关系梳理

在中国，无水港的建设和运行中地方政府具有重要的决定性作用（Li et al.，2015）。因此，本章对内陆地区在“21 世纪海上丝绸之路”网络中的外向型物流连通性分析，将对地方经济具有绝对决策权的省级行政区域作为一个内陆节点进行研究，以期为地方政府决策提供支持。

（一）确定要研究的内陆省份

以是否直接靠海和辖域内是否具有国际航线的港口为标准，将我国大陆 32 个省级行政区划分为内陆型省份和沿海型省份。不直接靠海的内陆省级行政区 19 个，其中，安徽省虽然不直接靠海，但它近海临江，其辖域内的芜湖港和马鞍山港等是国家一级开放口岸，均对外籍船舶开放，且拥有多条直通海外的国际航线，所以本书视其为非内陆型省，作剔除处理；再剔除还没有无水港建成运营的西藏、青海、贵州等三省，本书选择黑龙江、吉林、云南、山西、宁夏、河南、陕西、新疆、甘肃、江西、湖北、重庆、内蒙古、北京、湖南等 15 省为待研究内陆省份。

（二）根据已收集无水港统计数据，筛选出上述 15 省每一省的无水港及其与海港等港口的连接关系

参见表 3－3，可以建立待研究省域内无水港与港口的连通关系邻接矩阵。

表 3-3　待研究内陆省、所辖无水港及其与海港关系

序号	内陆省	省内无水港	连接海港
1	黑龙江	穆棱内陆港	大连港
		哈尔滨无水港	大连港
		绥化陆港	营口港
2	吉林	长春内陆港	大连港
		通化陆港	丹东港
3	云南	昆明无水港	广州港
			泸州港
			深圳港
4	山西	侯马无水港	连云港
			天津
		大同内陆港	天津
		太原内陆港	天津
5	宁夏	银川无水港	连云港
		惠农陆路口岸(无水港)	天津
6	河南	郑州无水港	连云港
			青岛
		鹤壁内陆港	天津
		安阳内陆港	天津
			日照
7	陕西	西安无水港	青岛
			天津
8	新疆	都拉塔内陆港	天津
9	甘肃	兰州无水港	青岛
		嘉峪关内陆港	天津
10	江西	赣州无水港	厦门
		鹰潭无水港	厦门
			宁波
		上饶无水港	宁波
		萍乡无水港	宁波
		吉安无水港	深圳
11	湖北	襄阳无水港	宁波
12	重庆	寸滩内陆港	城陵矶
13	内蒙古	通辽无水港	营口
			锦州
		呼和浩特内陆港	天津
		鄂尔多斯内陆港	天津
		巴彦淖尔内陆港	天津
		二连浩特内陆港	天津
		包头内陆港	天津
14	北京	北京朝阳无水港	天津
15	湖南	衡阳无水港	长沙
		长沙无水港	深圳
		株洲无水港	深圳
		湖南醴陵无水港	深圳

二、内陆省参与的广义的“21 世纪海上丝绸之路”港口物流网络构建

本书收集了 2015 年 10 月 1 日—2016 年 1 月 1 日全球十大航运公司中的 7 个班轮公司(马士基、达飞、长荣、赫罗伯特、中远、中海、韩进,占全球海运运输份额的 44.4%)网站公布的船期表数据,分别跟踪和获取每条航线上一个航期中班轮挂靠的所有港口、航线数据,以港口为节点,以航线数据为依据建立节点之间连线,建立了“21 世纪海上丝绸之路”沿线 127 个港口的 0—1 邻接矩阵。

将省内无水港与海港之间存在的连接关系视为内陆省节点与港口节点的连接关系,构建 0—1 邻接矩阵,结合前面 127 个港口的邻接矩阵,最终形成内陆省节点与“21 世纪海上丝绸之路”沿线港口节点的 142×142 邻接矩阵。

第四节　广义“21 世纪海上丝绸之路”海运物流网络复杂性

一、复杂网络概念与统计特征

复杂网络是一种可以用来描述自然科学、社会科学和科学工程技术上的相互关联系统的模型,钱学森将其定义为具有自组织、自相似、吸引子、小世界、无标度中部分或全部性质的网络(曾庆成,2015;董靖巍,2016)。自 Watts 等人(1998)提出小世界网络模型(Small-World Networks),以及 Barabasi 等人(1999)提出无标度网络模型(Scale-Free Networks)之后,复杂网络在多个领域得到广泛应用,成为分析与界定

复杂网络特性的重要工具(Moore,2000; May,2001; Boccaletti,2006)。随着研究的深入,我们可以得出复杂网络的一些基本统计特征,如下:

(一) 度、度分布与无标度特性

网络中节点的度是指网络中一个节点与网络中其他节点相连接的边的条数之和。设一个节点的度为 k,度分布 $P(k)$ 是指网络中任意一个节点度数为 k 的概率,不同的网络类型拥有不同的度分布。无标度网络的度分布服从幂律分布,即网络中绝大部分节点具有较小的度值,而只有极少数的节点具有较大的度值,这时候的网络具有异质性,没有特征标度,因此称为无标度性。

(二) 最短路径、平均路径长度、小世界特性

网络中两个节点之间经历最小边数而能够相互到达的路径。平均路径长度为网络中所有节点对之间最短路径的平均值。复杂网络的小世界特性是指对于规模非常大的网络,其网络的平均路径长度却是非常小的。

(三) 聚集系数和节点中心性

复杂网络中与某个节点邻接的各节点之间也相互连接的边的条数占所有可能的连接边总数的比例,它表示该节点的邻接节点之间也相互连通的可能性大小,是反映网络连接聚集程度的统计量。对复杂网络中关键节点的描述称为网络节点中心性指标,主要包括节点度中心性、接近中心性、特征向量中心性等。

随着最近几年复杂网络理论和应用在交通运输领域的流行,对海运系统的网络分析研究开始增多(Ducruet, 2013)。已有一些学者对全球海运网络的统计特性用复杂网络的方法进行了分析,表明全球海运

网络具有小世界性和无标度性等复杂网络统计特征（Antoine，2007；Xu，2015），同时也证明了复杂网络理论在分析与解释网络形成机理、反映网络复杂特性研究中的有效性。

本节将在由 127 个“21 世纪海上丝绸之路”沿线港口和 15 个我国内陆省份为节点按照邻接关系构建的广义“21 世纪海上丝绸之路”海运物流网络基础上，应用复杂网络分析方法，从上文提到的复杂网络统计特性方面分析其复杂性特征。此处假设该广义“21 世纪海上丝绸之路”海运物流网络为无权无向网络图。

二、网络统计特征分析

（一）节点度及度分布特征分析

综上所述，设网络总节点数为 N，与节点 k 相邻的边数之和为 $N(k)$，则节点 k 的度分布函数如公式 3－1 所示，网络平均度即网络中所有节点度的平均值如公式 3－2 所示：

$$P(k)=N(k)/N \tag{3-1}$$

$$\bar{N}(k)=\frac{1}{N}\sum_{i=1}^{N}N(k) \tag{3-2}$$

由 142 个节点构成的广义“21 世纪海上丝绸之路”海运物流网络的邻接矩阵得各节点的度值如图 3－1 所示，根据公式 3－2 可得网络度平均值为 6.901 408，但是度值低于 6 的节点，即度值为 5 或者 5 以下的节点为 88 个，占到总体节点数量的 62％。数据结果表明，整体网络中每一节点平均有近 7 个节点与其邻接，但是实际网络中邻接节点数量低于 5 个的却占到 62％的水平，由此说明度值较小的节点数量较多，而网络较高的平均度值主要由度值较高的几个节点实现的。

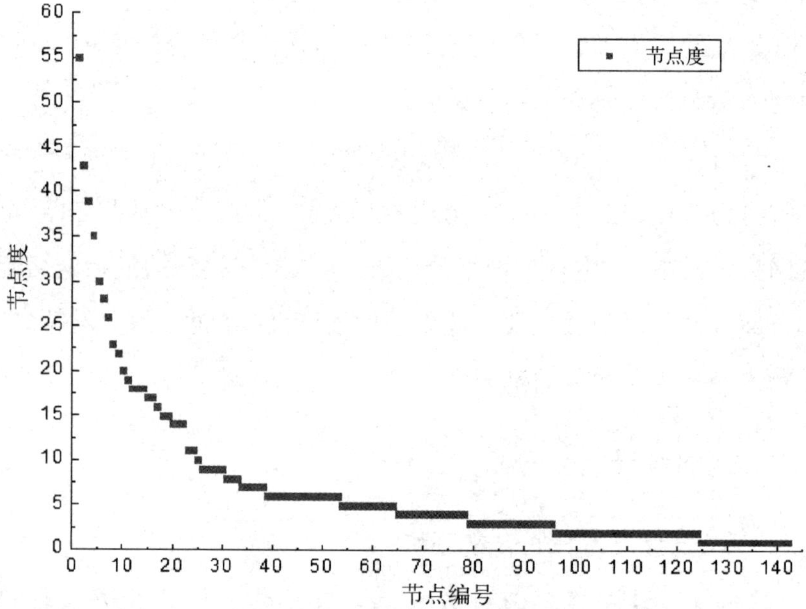

图 3-1　网络各节点的度值

而根据公式 3-1 节点的度分布函数可以获得广义“21 世纪海上丝绸之路”海运物流网络的度分布曲线，然后由幂律函数对其拟合，获得拟合函数如图 3-2 所示。结果表明，网络度分布曲线与幂律函数中的 Allometri 函数，即异速生长函数具有较好的拟合度，满足幂律函数分布规律。根据复杂函数统计特性基本理论知该网络具有无标度网络特性。

（二）节点间平均距离分析

此处的平均距离实质上是指广义“21 世纪海上丝绸之路”海运物流网络中的任意两个节点之间相互到达所需要经历的最少边数。计算公式如下：

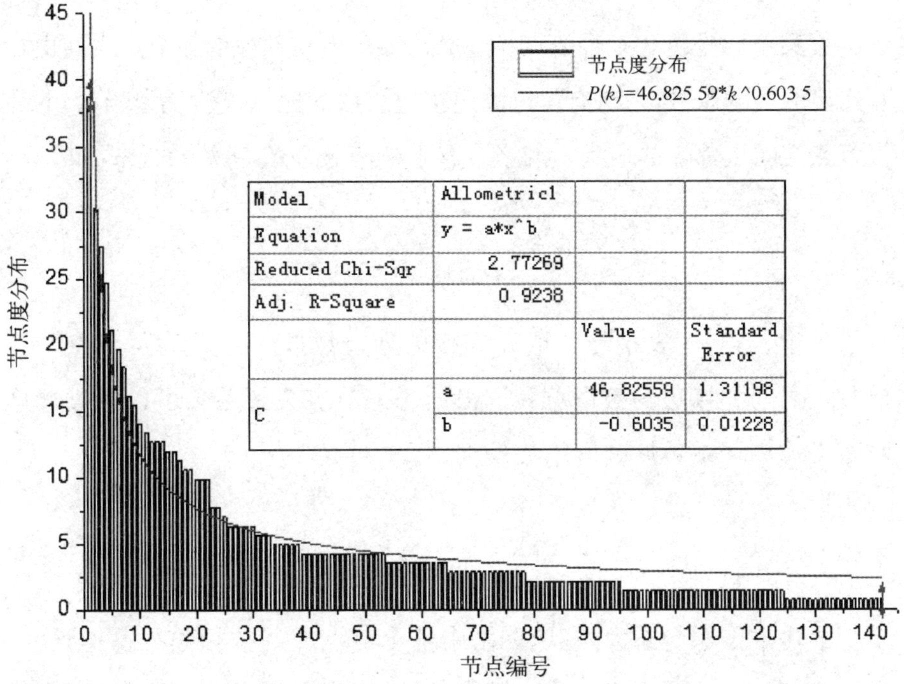

图 3-2　网络节点的度分布曲线及其幂律拟合曲线

$$\bar{D}=\frac{2}{N(N-1)}\sum_{i=1}^{N}\sum_{j=i+1}^{N}d_{ij} \tag{3-3}$$

其中，$\bar{D}$ 为网络平均距离，d_{ij} 表示节点 i 和 j 之间相互达到需要经历的最小边数。

由上述公式计算获得广义“21 世纪海上丝绸之路”海运物流网络的平均距离为 2.879 3，也就是说，就平均情况而言，网络中任意两个节点之间平均经过 3 条边就可以到达对方，符合六度分离的规律。与全球最大的班轮公司马士基网络的平均最大路径 3.94 相比还要低（曾庆成、腾藤，2015），由此说明广义“21 世纪海上丝绸之路”海运物流网络节点间具有便捷的到达途径。

(三) 网络集聚系数分析

集聚系数是指与某个节点相连的与某个节点邻接的各节点之间也相互连接的边的条数，占所有可能的连接边总数的比例，它表示该节点的邻接节点之间也邻接的概率。网络节点 k 的集聚系数 $C(k)$ 的公式如下：

$$C(k)=\frac{2N_{realk}}{N(k)(N(k)-1)} \tag{3-4}$$

其中，$N(k)$ 表示与节点 k 邻接的港口数量，N_{realk} 表示节点 k 连接节点之间邻接边的数量总和。根据每一节点集聚系数可以通过计算网络平均集聚系数反映网络集聚性，公式如下：

$$\bar{C}(k)=\frac{1}{N}\sum_{i=1}^{N}C(k) \tag{3-5}$$

平均集聚系数越大，说明网络中各个节点之间的相关关系越紧密。由公式 3-4 和公式 3-5 计算得广义“21 世纪海上丝绸之路”海运物流网络的集聚系数为 0.468 258，比马士基全球班轮航线网络的集聚系数 0.49 稍微低一点，由图 3-3 可知，在广义“21 世纪海上丝绸之路”海运物流网络中有些节点的聚集系数很高，等于或者接近于 1，但也存在部分节点的集聚系数接近或者等于 0，表示网络中存在较多只与网络一个节点相连接的单线路节点，大部分节点集聚系数分布在 0.8～0.2，整体说明广义“21 世纪海上丝绸之路”海运物流网络具有不错的集聚水平。

综合以上三类统计特征分析可以发现，内陆省节点参与的广义“21 世纪海上丝绸之路”海运物流网络整体具有较高的平均集聚系数和较短的平均距离，说明任意两个节点之间具有较紧密的关系和较便捷的连接途径，因此这两个特性表明广义“21 世纪海上丝绸之路”海运物流网络具有小世界特性。而对网络节点度和度分布函数的研究与拟合发

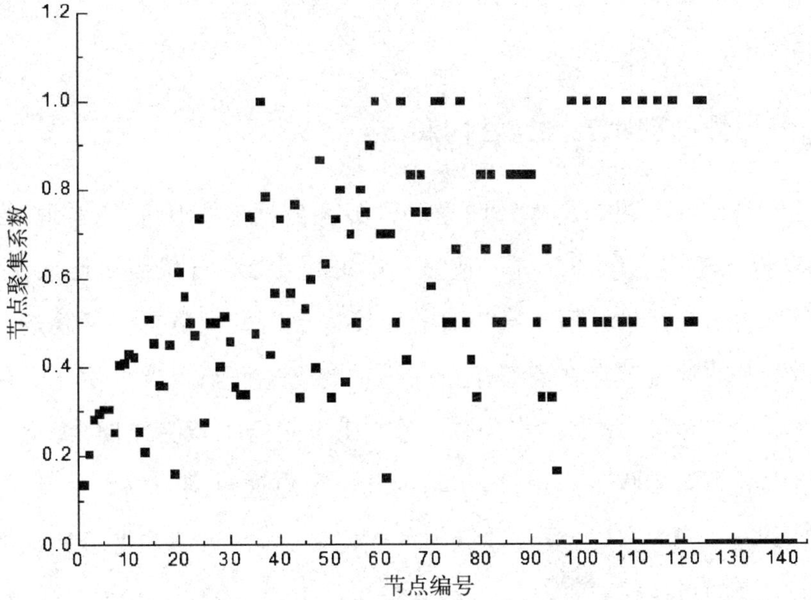

图 3-3　各节点集聚系数值

现，其度分布函数基本符合幂律分布，说明广义“21 世纪海上丝绸之路”海运物流网络具有无标度特性。根据钱学森的复杂网络概念可以判断广义“21 世纪海上丝绸之路”海运物流网络具有复杂网络特性，属于复杂网络范畴。

第五节　基于复杂网络的内陆省节点外向型物流连通性分析

本节在提出外向型物流连通性概念基础上，基于复杂网络理论提出了外向型物流连通性评价指标体系，在此基础上对我国内陆省在“21 世纪海上丝绸之路”海运物流网络中的外向型物流连通性进行了评价，并提出了优化策略。本节内容主要参考了 Wei 和 Sheng(2018),具体内容如下。

一、外向型物流连通性内涵

外向型物流网络是为外向型和开放型经贸合作服务的通道,根据经济"外向型"定义(Balassa, 1961),本书提出"外向型物流连通性"概念用以表示与评价区域自身具有的直接为外向型经济提供货物进出口流通服务的物流节点在跨境流通网络中的可达性与重要性水平。从复杂网络理论角度,本书界定内陆省在"21 世纪海上丝绸之路"海运物流网络中的外向型物流连通性,是指内陆省节点通过辖域内无水港到"21 世纪海上丝绸之路"沿线各港口的可达性,及其在与这些港口构成的复杂网络中的角色重要性。

其中,"可达性"概念是由 Hansen(1959)首次提出,将其定义为交通网络中各节点相互作用机会的大小。Wang 和 Cullinane (2008)及李振福等人(2014)将海运网络中可达性的内涵界定为以港口为节点、以港口之间的连线为路线所形成的网络中,以两港之间最短路线为标准,衡量网络中某一港口(或区域)到达另一港口(或区域)的难易程度。本书中的"可达性"是指,内陆省节点与"21 世纪海上丝绸之路"网络各港口节点之间相互到达的难易程度。可达性可由复杂网络理论中的"接近中心性"(Closeness Centrality, CC)指标来衡量(Sabidussi, 1966)。但是考虑到本书研究的内陆省参与的广义"21 世纪海上丝绸之路"海运物流网络的特点,在接近中心性指标基础上,本书提出了一种新的评价指标,即改进的接近中心性(Improved Closeness Centrality, ICC),以研究评价内陆省各节点之间的相对可达性。

"重要性"是指内陆省节点与"21 世纪海上丝绸之路"港口节点构成

的复杂网络各节点在网络中与其他节点的关系密切程度，以及对其他节点的影响能力。评价节点的重要性是复杂网络领域的一个研究热点，识别复杂网络中节点的重要性及关键节点，对分析优化复杂网络结构具有重要意义（Yang & Xie，2016）。从广义上来讲，表示节点之间连接紧密程度的指标、节点对其他节点影响与控制能力的指标，包括前面的“可达性”指标等，都属于节点重要性的评价指标。本书根据研究目的需要和研究网络特征，选择“度中心性”（Degree Centrality，DC）（Freeman，1979）及影响修复性指标（Susceptible-Infected-Recovered，SIR）（Chen et al.，2012）进行度量。

二、外向型物流连通性评价方法

假定一个具有 N 个节点的无向无权网络 $G(V, E)$，$V=\{1, 2, \cdots, i, \cdots j, \cdots, N\}$ 是网络所有节点的集合，E 是网络中边的集合，为各指标定义与度量方法如下所述（Chen et al.，2012）。

1. 度中心性（Degree Centrality，DC）

是指网络中节点 i 直接相连的节点数目之和，如下：

$$C_D(i)=\sum_{j}^{N} x_{ij} \tag{3-6}$$

其中，i 是网络中被研究的节点，j 是网络中其他节点，x_{ij} 表示是否节点 i 与 j 之间直接相连，即节点 i 与 j 之间是否存在物流路径（在海运网络中表示存在航线）将它们直接相连，如果存在 $x_{ij}=1$，否则为 0。

2. 影响修复性指标（Susceptible-Infected-Recovered，SIR）

是根据节点度，相邻节点的度、相邻节点的相邻节点的度构建的评价节点重要性的指标。节点 i 的影响修复性 $C_L(i)$，如下：

$$C_L(i) = \sum_{u \in \Gamma(i)} \sum_{w \in \Gamma(u)} \Phi(w) \tag{3-7}$$

其中，$\Gamma(i)$ 是节点 i 的邻接点集，$\Gamma(u)$ 是邻接点 u 的邻接点集，$\Phi(w)$ 是邻接点 u 的邻接点 w 的邻接点与次邻接点的数目之和。

在解释为什么选择 SIR 指标时，我们需要先了解另一个复杂网络分析的基本指标概念，即特征向量中心性(Eigenvector Centrality, EC)指标，它是评价节点重要性的常用传统方法。

特征向量中心性是指网络邻接矩阵最大特征值对应的特征向量的第 i 个元素 x_i 为节点 i 的特征向量中心性。它将网络中节点的重要性看作是相邻节点对该节点的综合影响。设 $A=(a_{ij})$ 为节点邻接矩阵，$a_{ij}=1$ 表示节点 i 与节点 j 相连，$a_{ij}=0$ 表示节点 i 与节点 j 不直接相连。那么节点 i 的相对中心性得分可以定义为：

$$x_i = \frac{1}{\lambda} \sum_{j \in \Gamma(i)} x_j = \frac{1}{\lambda} \sum_{j=1}^{n} a_{ij} x_j, \quad i=1, 2, \cdots, N \tag{3-8}$$

其中 $\Gamma(i)$ 节点 i 的所有邻接节点的集合，λ 是一个常数。上述公式经过整理可以写成矩阵形式，即

$$Ax = \lambda x \tag{3-9}$$

那么节点 i 的特征向量中心性 $E_c(i)$ 就可以通过公式(3-9)计算出来，$E_c(i)$ 就是邻接矩阵 A 的最大特征值 $\lambda_{\max}$ 对应的特征向量 x 的第 i 个元素。

由特征向量中心性的计算步骤和公式可知，计算该指标需要网络所有节点的信息，即需要网络全局信息才能计算出来，计算过程相对复杂。而对于影响修复性指标 SIR 而言，只需从节点、邻接节点、邻接节点的邻接节点信息就可以更简单的计算获得各节点 SIR 值。此外，与

度中心性不同，度中心性只能通过单一节点与其他节点的连接边的条数，即单一节点信息，来判断节点的重要性，而 SIR 可以更全面地捕捉一个节点的重要性，因为它综合考虑了该节点在网络中的影响以及该节点的相邻节点和相邻节点的相邻节点的间接影响。这些特征都非常有利于对复杂网络的分析。因此，SIR 指标不仅具有需要信息少、计算迅速简单的特点，同时克服了度指标对节点的隔离判断的片面性，能够将节点重要性与其相邻节点以及次相连节点的递进影响反映出来，更符合客观实际的特点，本书选择 SIR 而不是传统的特征向量中心性等指标来评估节点重要性。

3. 改进的接近中心性(Improved Closeness Centrality，ICC)

是基于接近中心性(Closeness Centrality，CC)提出的评价内陆节点之间到海港的相对可接近性的指标。

我们首先来看一下接近中心性指标的定义，设节点 i 为待研究的海港节点，节点 j 是网络中另一个海港节点，那么接近中心性指标的定义如下(Sabidussi，1966)：

$$C_c(i)=(n-1)\left[\sum_{j}^{N}d_{ij}\right]^{-1} \tag{3-10}$$

其中，d_{ij} 表示节点 i 与 j 之间的最短路径。接近中心性指标值越大，表示该节点到其他各节点越便捷，该节点在网络中受控其他节点的程度越小，与其他节点的紧密程度越高。

尽管很多研究中直接用接近中心性这个仅考虑距离的相对较简单的指标，研究海运物流网络的连通性中的节点可接近性(Low et al.，2009)，本书考虑到待研究网络的特征，除了内陆节点和港口节点之间的距离外，物流成本等其他一些重要因素同样影响着内陆节点和海港节点之间的运输便利性。例如，不同的运输方式，如铁路或公路，将影响物流成本。我们知道，在中国，无水港的发展通常取决于支持它的地方政府和港口(Li et al., 2015)，不同的物流支持政策，比如港口对无水港的物流成本补贴，也将影响着无水港到海港的物流成本。内陆节点与港口节点之间的物流规模因素直接影响着该条物流路径是否存在和该条物流路径上的物流规模效应是否可以实现。由此可以看出，无水港到港口之间的物流距离、物流成本、物流量等因素同时作用，共同影响着无水港到港口的物流便捷性。因此，本书基于物流引力模型提出一个新的参数，即"可接近性影响系数"，用以量化这些因素的综合影响，如下所示：

$$Y_{kl}=GM_kM_ld_{kl}^{-\alpha}\ (c_{kl}-s_{kl})^{-\beta} \tag{3-11}$$

其中，k 是待研究内陆节点；l 是与待研究内陆节点 k 直接相连的海港节点；Y_{kl} 是内陆节点 k 与海港节点 l 之间的物流引力；d_{kl} 是内陆节点 k 与海港节点 l 之间的物流距离；M_k，M_l 是内陆节点 k 和海港节点 l 的物流质量；c_{kl} 是内陆节点 k 和海港节点 l 之间单位距离单位货量的物流成本；G 是物流引力系数，通常取值为 1；α 是引力衰减系数，通常取值为 2；β 是成本影响衰减系数，本书将其取值为 1。

如前面文献综上所述，物流引力模型是基于社会经济领域的引力模型发展而来，是用于评价在考虑多重物流相关因素影响下两节点之间的物流相互吸引力的模型(Helena, 2015; Jung et al., 2008)。两节点之间的物流引力直接关系着两节点之间的物流可达性，本书采用基于物流引力模型的上述公式可以将两节点之间的物流距离、物流成本、物流支持政策、物流量等影响物流可达性的所有因素进行综合评价。

又因为本书所关注的焦点是内陆节点的外向型物流连通性，即内陆地区的货物进出口物流能力是关键影响因素。相应地，在公式(3－11)中的内陆节点 k 的物流质量 M_k 用内陆节点 k 的进出口贸易总量来表示，其邻接港口 l 的物流质量用外贸货物吞吐量来表示 M_l，则内陆节点 k 与其邻接港口 l 之间的可接近性影响系数 σ_{kl} 如公式(3－12)所示。基于此可得改进的接近中心性指标如公式(3－13)所示。

$$\sigma_{kl}=Y_{kl}\Big(\sum_{K}\sum_{\Gamma(k)}Y_{kl}\Big)^{-1}\quad \forall k\in K,\ \forall l\in \Gamma(k) \tag{3-12}$$

$$IC_c(k)=\sum_{l\in\Gamma(k)}\sigma_{kl}\Big(\sum_{K}\sum_{\Gamma(k)}C_c(l)\Big) \tag{3-13}$$

其中，K 是要研究的内陆节点集；$\Gamma(k)$ 是与内陆节点 k 邻接的港口节点集 $\Gamma(k)$；$IC_c(k)$ 是内陆节点 k 的改进的可接近中心性指标值。

三、实验分析结果与讨论

(一) 整体网络结果分析

根据上文构建的内陆省通过无水港参与“21 世纪海上丝绸之路”海运物流网络的 142×142 邻接矩阵，对网络节点编号，规则为：“21 世纪海上丝绸之路”沿线的 127 个港口按各港口 DC 值由大到小顺序，从 1 编号至 127；剩余 15 个内陆省也按照 DC 值由大到小顺序，从 128 编号至 142。对网络各个节点，分别计算各测度指标 DC、SIR、CC、EC 的指标值，以及内陆节点的 ICC 指标值，结果如表 3－4 和图 3－4 所示。为更直观地分析内陆 15 省节点的具体情况，分别对所有节点和 15 个内陆节点的 DC、SIR、EC、CC、ICC 指标值降序排序，做出箱式图，见图 3－5。

表 3-4　内陆省参与的"21 世纪海上丝绸之路"网络各节点指标值

序号	节　点	DC	SIR	CC	
1	新加坡港	55	2 097	0.575 510	
2	上海港	43	1 468	0.530 075	
3	巴生港	39	1 346	0.536 122	
4	深圳港	35	1 159	0.532 075	
5	丹戎帕拉帕斯港	30	930	0.510 870	
6	宁波港	28	838	0.496 479	
……	……	……	……	……	……
序号	节　点	DC	SIR	CC	ICC
128	河南	4	62	0.326 389	0.572 794
129	江西	3	76	0.371 053	1.198 999
130	重庆	3	60	0.355 164	0.111 191
131	内蒙古	3	39	0.319 005	0.039 884
132	黑龙江	2	32	0.316 854	0.099 620
133	云南	2	46	0.365 285	0.022 023
134	山西	2	28	0.311 258	0.073 808
135	宁夏	2	28	0.311 258	0.009 627
136	陕西	2	41	0.324 885	0.103 720
137	甘肃	2	41	0.324 885	0.011 436
138	湖北	2	66	0.353 383	0.232 003
139	湖南	2	66	0.364 341	0.223 314
140	吉林	1	16	0.309 211	0.054 149
141	北京	1	18	0.309 211	3.612 316
142	新疆	1	18	0.309 211	0.004 065

通过内陆省节点与网络所有节点指标值图 3-4、箱式图 3-5 分析可知，从内陆 15 省节点各指标值排序均值与整体网络比较来看，内陆省节点 DC、SIR、CC 指标排名平均值低于整体网络，15 省各指标排名中名次最高的是河南省的 DC 值，排名位于整体网络的 65 名，处于整体网络 top 50%水平。如果规定网络中重要性和可达性指标均排名在整体网络前 10%的为核心节点，那么内陆 15 省节点均不属于网络核心节点。但由表 3-4 中内陆各省 CC 指标值可知，每一内陆省节点均可通过一定数量的港口连接路径实现与整体网络每一节点的连通。以上数据分析说明，内陆省节点通过省内无水港与“21 世纪海上丝绸之路”沿线一个或者几个港口建立合作关系的方式可以实现与“21 世纪海上丝绸之路”沿线所有港口的连通，成功构建出内陆省参与“21 世纪海上丝绸之路”的海运物流网络，使内陆省在对外贸易流通中具备了一定程度

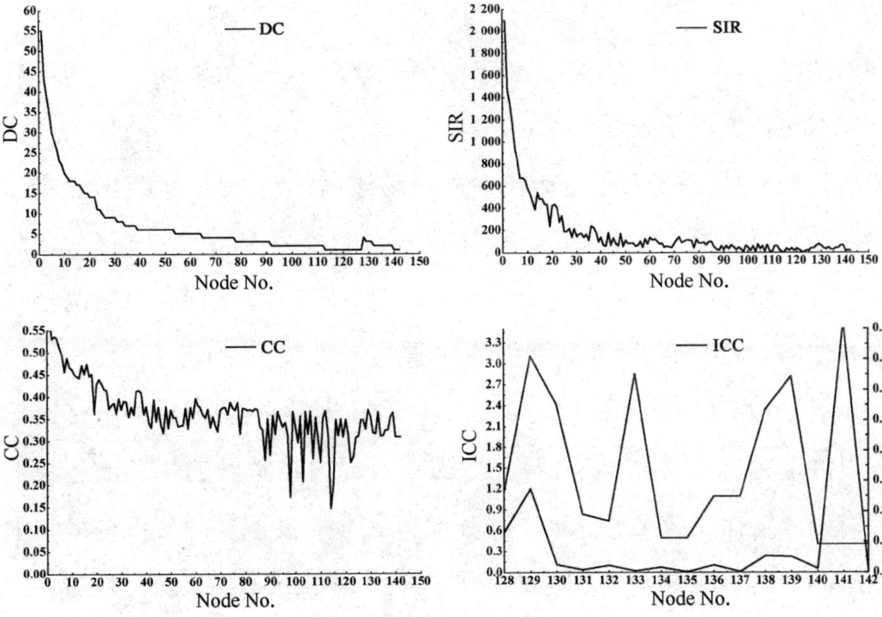

图 3-4 DC、SIR、CC、ICC 指标值

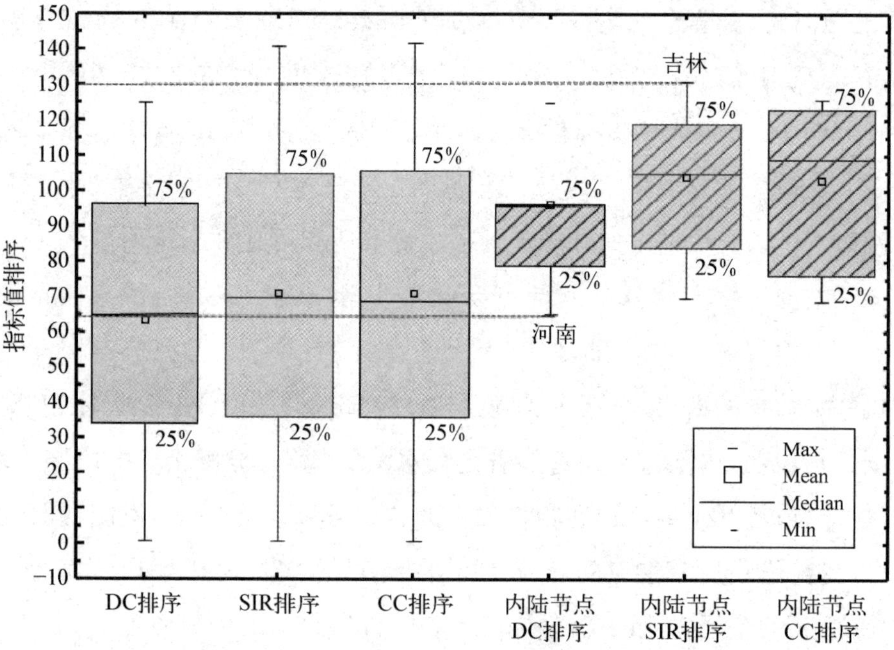

图 3-5　各节点 DC、SIR、CC 值排序箱式图

的外向型功能，但内陆省在“21 世纪海上丝绸之路”流通网络中的可达性和重要性均处于较低的水平。

长期以来，缺乏便捷有效的对外贸易通道，一直是困扰我国中西部内陆地区对外贸易发展的阻碍，导致我国对外贸易规模呈现“东高西低”的强烈地区性差异格局，而中央在推进“一带一路”倡议时强调全面全方位的对外开放，尤其高度强调内陆地区对外开放水平的提升，在此背景下，中西部内陆地区的经济贸易对外开放需求被释放，为更好地服务于内陆地区外向型经济贸易发展，中西部内陆省份的贸易流通网络外向型开发存在较大的挖掘空间和动力。本书接下来的分析也将为中西部内陆省份贸易流通网络外向型的进一步提升提供指导和方向，为政府决策提供策略支持。

从内陆省节点各指标值排序具体情况来看，15 省各指标排名情况跨度较大，其中排名最高的是河南省的 DC 值，排名位于 142 个网络节点中的 65 名，排名最低的是吉林省的 SIR 值，在 142 个网络节点中排名 131，因此对具体节点进行深入分析，挖掘个体差异非常必要。

(二) 内陆省节点连通性分析

本书是在无水港与沿海港口邻接关系视角下对各内陆省对外贸易流通外向型特征的研究，为进一步探究邻接港口对内陆省节点在贸易流通网络中外向型特征的影响，我们将 15 个内陆省节点及其邻接的港口节点从整体网络中抽离出来具体分析。对 15 个内陆省节点，分别按照表示重要性的 DC、SIR 排序情况和代表可达性的 ICC 排序情况进行聚类分析，具体参见图 3－6、图 3－7。

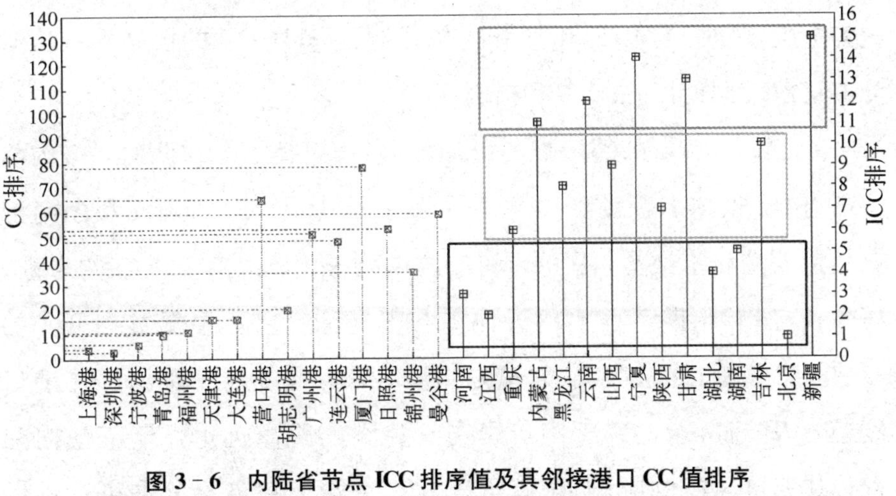

图 3－6　内陆省节点 ICC 排序值及其邻接港口 CC 值排序

内陆节点的 ICC 指标是评价内陆省节点之间到海港的相对可达性指标。按 ICC 排序可将内陆省节点聚类为三类：排名在 1～5 的由高

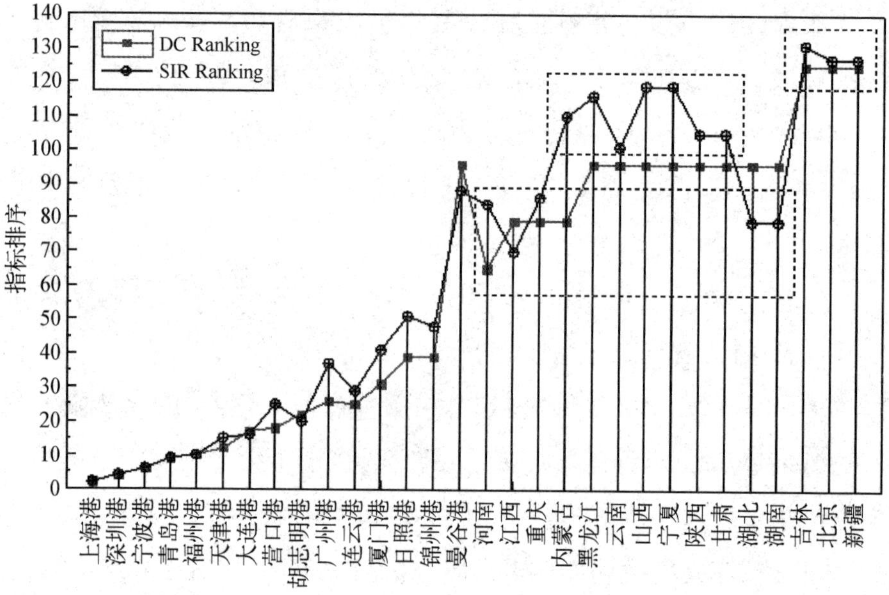

图 3-7　内陆省及其邻接港口的 DC、SIR 值排序

到低依次为北京、江西、河南、湖北和湖南；排名在 6～10 的由高到低依次为重庆、陕西、黑龙江、山西和吉林；排名在 11～15 的由高到低依次为内蒙古、云南、甘肃、宁夏和新疆。

由 142 个节点的邻接矩阵可知，排名在聚类第一梯队的 5 个内陆省都与 CC 值排名最前的 6 个海港邻接。其中，江西、湖北和湖南都毗邻深圳港和宁波港，深圳港和宁波港均是 CC 值跻身前三的海港；河南省与 CC 值跻身前六的天津港和青岛港邻接。根据影响 ICC 的影响因素分析，北京距离天津港的距离是所有内陆省距离邻接港口最近的内陆省份，北京朝阳口岸与天津港的距离远远低于其他内陆省与其邻接港口的距离，距离因素在北京与天津港之间的可达性影响系数中发挥了重要作用，因此，北京的可达性最高；宁波港为与其邻接的无水港提供了较优惠的物流成本补贴政策，因此与宁波港邻接的内陆省江西、湖北和湖南都排在了第一梯队。云南、湖南与深圳港邻接，湖北与上海港、宁波港邻接，而重庆通过内河城陵矶港经上海港直通胡志明港和曼谷港两个国外港口。由此可知，内陆省份的高可达性与其邻接港口的高可达性直接相关。内陆省连接到距离更近的港口或者连接到具有更好物流扶持政策的港口可获得更高的相对可达性。

DC 和 SIR 用于评估内陆节点在整体网络中的重要性，而 SIR 指标相对于 DC 指标来说，具有更高的综合性，因为它同时考虑了节点、邻接节点和邻接的邻接节点在网络中的影响而得出的指标值，比 DC 仅考虑节点本身邻接的港口数量指标要更全面，因此我们主要选择 SIR 值评价内陆省节点在网络中的重要性，以 DC 值为辅助分析使用。根据 SIR 值，这 15 个内陆省同样可以聚为三类。SIR 值排名 65～86 的内陆省形成第一聚类，包括江西、湖北、湖南、河南、重庆；SIR 值排名 100～120 的内陆省份形成第二聚类，包括云南、陕西、甘肃、内蒙古、黑龙江、山西和宁夏；SIR 值排名 120～140 的内陆省形成第三个聚类，包括北京、新疆和吉林。

可以看出，SIR 值排名前 5 的内陆节点与 ICC 排名前面的内陆省几乎是相同的，只是 ICC 排序中处于第一聚类的北京被 SIR 第一聚类中的重庆所替代。这是因为，重庆无水港通过内河与上海港以及国外的曼谷港和胡志明港直接相通，而上海港是“21 世纪海上丝绸之路”沿线港口中重要性和可达性最高的两个港口之一。由图 3－7 还可以发现，具有高 DC 值的内部节点，如河南、江西和重庆，往往比其他节点具有更高的 SIR 值。综合考虑 SIR 和 DC 两个指标值发现，与更多数量的港口邻接的内陆省一般具有更高的重要性，与在整体网络中具有更高重要性的港口邻接的内陆省份具有更高的重要性。因此，内陆省份的重要性与其邻近的港口数量和邻接港口的重要性正相关。

综上所述，定义重要性和可达性均处于整体网络前10%的节点为核心枢纽节点，可知15个内陆省均不是整体网络的核心节点。而中国沿海主要港口，如上海港、宁波—舟山港、深圳港、青岛港、天津港等8个港口，从重要性指标和可达性指标的排序中均处于“21世纪海上丝绸之路”沿线所有港口的前10的位置，即这些港口在整体网络中的连通性处于前10的水平，属于“21世纪海上丝绸之路”沿线的核心枢纽节点（见表3-4）。由前文分析结论得知，内陆省的外向型物流连通性特征与邻接港口在整体网络中的连通性正向相关。我国沿海在“21世纪海上丝绸之路”上占有如此高比例的核心枢纽港口，为内陆省无水港建立更有利于提升自身地位的邻接关系提供了条件，说明内陆省通过建立辖域内无水港与沿海港口更合理的合作机制来提升内陆省在“21世纪海上丝绸之路”物流网络中的连通性水平还有很大的潜力空间。因此，自“一带一路”倡议实施以来，地方政府主导，或地方政府联合沿海港口开展的另一轮无水港扩张建设行动具有重要的意义，本书也为新一轮无水港扩张的意义提供了数据支持。如果能够同时考虑合理的布局规划、结合贸易需求建立合理的流通网络结构，那么随着无水港的健康运营与发展，内陆地区外向型物流网络对我国内陆省市在“一带一路”沿线国家的贸易促进效应将会逐步显现。

以上分析结论在一定程度上可以被当前我国的现实情况所证明。例如，根据上述指标分析，江西、河南、湖北和湖南四省，尤其是江西和河南两省，都同时具有较高的可达性和重要性。根据我们对江西经济运行实际情况的调查，近年来，江西在无水港建设与发展方面投入了大量资金。上饶、鹰潭、赣州、萍乡和吉安等5个无水港在江西已经建成并运作多年，其中的上饶无水港是宁波港负责的12个无水港中运行最为成功的无水港。在与港口的合作中，江西的无水港分别与宁波港、深圳港、厦门港等建立了有效合作机制，在无水港的运营中得到了宁波港等港口较大力度的扶持、通关流通便利化等优惠政策，为江西省对外贸易流通提供了优惠和便捷的跨境物流通道。江西省对外贸易发展相关数据显示，江西的全年进出口贸易总额增长率居全国15个内陆省份前列。如图3-8所示，江西省进出口贸易总额呈现迅速增长势头，即使在2015全球经济疲软的环境中依然保持了平稳的增长态势，这与江西省日益完善和便捷优惠的对外贸易流通通道是分不开的。

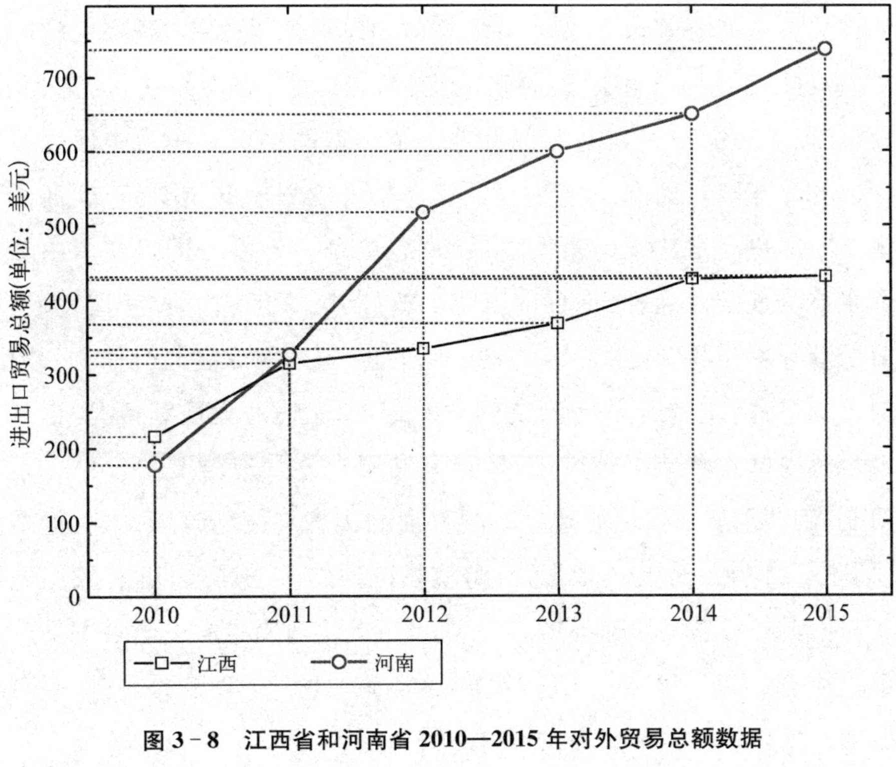

图3-8　江西省和河南省2010—2015年对外贸易总额数据

需要说明的是,要形成内陆无水港与沿海港口的有效合作关系,必须符合内陆省和沿海港口双方的发展需求,尤其是沿海港口的发展战略与资金政策投入导向,建立一个双赢的合作机制,才能真正推动沿海港口带动内陆地区的外向型物流功能。随着港口进入区域化发展阶段,对腹地资源的竞争已成为港口之间竞争的一个重要方面。例如,宁波港、天津港、大连港、青岛港等正在大力实施的无水港发展战略。在对腹地扩张需求的驱动下,采取无水港发展战略的港口通常会为与其合作的无水港提供一定的优惠与扶持政策,如物流成本补贴、通关便利化、高效的五定班列服务等。这些优惠与扶持政策可以有效地推动无水港的运作与应用功能的发挥,进而提升内陆地区的外向型物流功能与水平。因此,内陆省寻找沿海港口合作伙伴时,不仅要关注沿海港口在跨境网络整体中的连通性水平,还要关注港口自身的发展战略和提供的政策支持。从这个方面来讲,河南、北京、江西表现突出。其中河南就是一个典型的例子。作为中原经济区的核心区域和国家“一带一路”行动指南规划中的重要节点,河南省是“一带一路”建设的重要发展节点,也是各个沿海港口发展内陆无水港的重点目标省份,目前,河南省已与天津港、青岛港、连云港、日照港等 4 个港口建立了 5 个内陆港的合作关系,在建立合作关系同时考虑了内陆港与沿海港口之间物理距离、交通通道便利情况,自身及沿海港口的发展需求等因素,是有利于双方发展需要的合作关系机制,因此也能取得沿海港口不同程度的优惠与便利政策,大大提高了其在“21 世纪海上丝绸之路”跨境物流网络中的连通性,有效促进了河南对外贸易的快速发展。图 3－8 近 5 年河南省的进出了贸易总额数据显示,尤其是“一带一路”倡议实施后的 2013 年到现在,河南省的进出口贸易呈现飞速发展的态势。

四、内陆省外向型物流连通性改进方案实验分析

内陆省想要更有效的提升其外向型物流连通性，需要从以下 4 个关键点采取措施：

（一）与更多的港口建立定向合作关系。

（二）与内陆省已经建立连接的港口相比，寻找在网络中具有较高的可达性和重要性的港口建立定向合作关系。

（三）选择建立合作关系的港口时，要分析辖域内无水港与要建立合作关系港口之间的物流条件，如物流距离、物流成本、物流基础设施（如运输方式与运输道路通达情况等），选择与辖域内无水港之间物流条件更优的港口建立合作关系。

（四）选择建立合作关系的港口时，关注港口的重点发展战略和对腹地资源的支持政策，与可以为内陆地区自身提供更多优惠与支持政策的港口建立合作关系。

从以上 4 条关键措施出发，根据不同的侧重点，可以采取不同的方案和政策，以改善内陆省份的物流连通性。随着"一带一路"倡议的推进，为实现"丝绸之路经济带"与"21 世纪海上丝绸之路"的有机衔接，港口正在积极与内陆省份合作发展海铁联运。内陆省份应该抓住这个机会，通过与合适港口的合作，提高其在"一带一路"物流网络中的连通性水平。根据对海铁联运战略合作现实数据调研，本书提出了一个提升内陆省物流连通性的改进方案，在该改进方案中，新增如下连接关系：宁波港与新疆、宁夏和陕西相连；连云港港与新疆和陕西相连；青岛港与山西、新疆相连，福州港与江西相连。由改进方案可以得到一个新的邻接矩阵，并可据此计算出改进网络中所有节点的连通性评价指标值，如图 3－9 和图 3－10 所示。

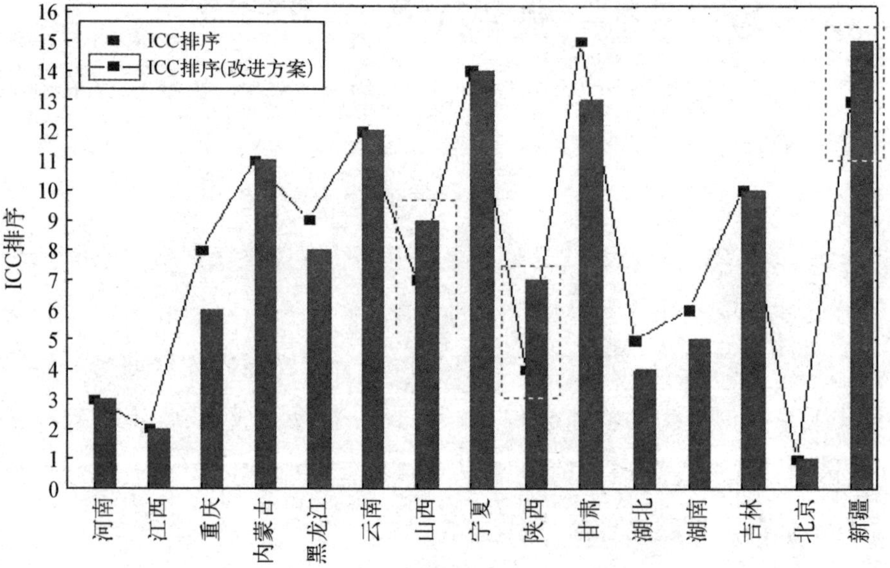

图 3-9　改进前后的内陆省 ICC 值排序结果比较

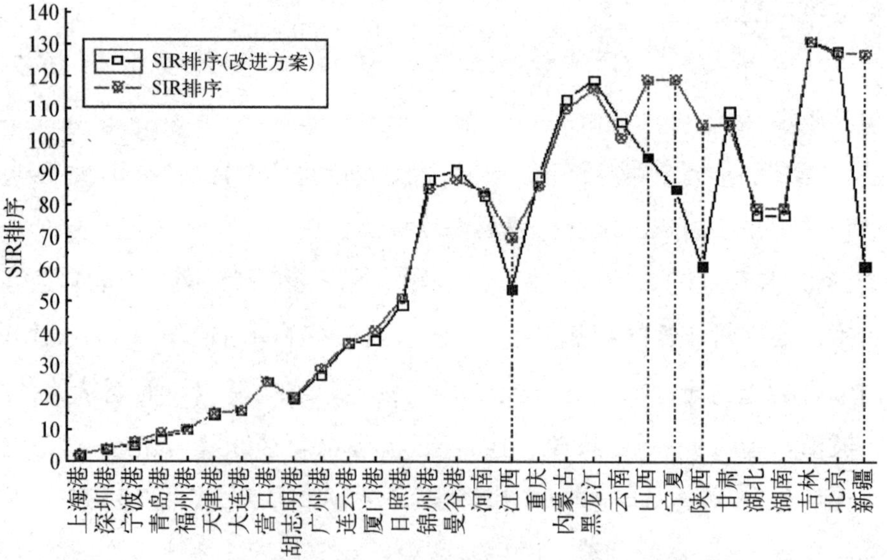

图 3-10　改进前后的内陆省及其邻接港口的 SIR 值排序结果比较

由图 3-9 和图 3-10 可知,改进方案中 ICC 和 SIR 排名明显提高的省份有新疆、陕西和山西,说明新建立连接关系的港口为这些内陆省份带来了更高的重要性和可达性水平。然而,尽管江西和宁夏的重要性水平在改进方案中有明显提高,但它们的可达性水平没有改变。这是因为,就江西省而言,改进后的方案增加了辖域内无水港与福州港之间的相邻关系,而就辖域内无水港与福州港之间的物流距离而言,福州港为其提供的成本和政策支持等较原网络中与江西邻接的港口没有优势,比如原网络中就与江西省合作连接的宁波港,在物流距离、物流成本和物流支持政策方面都比福州港更有优势。同样,就宁夏而言,在改进网络中辖域内无水港和宁波港之间新建立了邻接、关系,但是其与宁波港之间的物流距离和成本与原来就存在合作邻接关系的天津港相比没有优势,尽管宁波港为宁夏辖域内无水港提供了略高一点的物流成本补贴。

以上内陆省连通性改进结果表明,在寻求新的港口与辖域内无水港建立合作关系的过程中,要从以上 4 点关键措施入手,根据自身在现有网络中影响连通性的短板,寻找更具优势的港口建立合作关系,才能有效地提升内陆节点在网络整体中的连通性水平。以上提升内陆省节点物流连通性的关键措施的发现与总结,为内陆省更有效地参与“21 世纪海上丝绸之路”网络提供了一定的参考。

五、内陆省外向型物流连通性结论与提升策略

由无水港与沿海港口定向合作关系新视角,通过内陆省辖域内无水港与海港的连接关系,构建了一个内陆地区参与的广义“21 世纪海上丝绸之路”海运物流网络,以此为例,研究了内陆地区在“21 世纪海上丝绸之路”跨境物流网络中的外向型物流连通性,得出以下主要结论与提

升策略：

（一）通过构建无水港与沿海港口的合作关系网络，能够实现内陆省在对外贸易流通中进出口物流功能的发挥，使内陆省在对外贸易流通中具备了"外向型"特征，对内陆地区对外贸易的发展意义重大

由此可见，无水港作为具有进出口通关等口岸功能的内陆物流节点，可以成为内陆省发展对外贸易的抓手，内陆省、市可以通过构建科学合理的无水港—海港合作机制与体系，参与到"21世纪海上丝绸之路"贸易网络中，满足"一带一路"倡议下内陆省对外开放发展需求，解决长期以来制约内陆省份对外经济发展的流通性障碍。

（二）内陆省外向型物流连通性水平不仅与辖域内无水港建立合作关系的沿线港口数量正向相关，而且与连接的海港在"21世纪海上丝绸之路"物流网络中的连通性正相关

与此同时，与海港建立双赢的合作机制是必须同时考虑的，不仅包括与海港之间的物流距离、物流成本、运输方式等物流条件，还包括对海港自身发展需求及其为内陆腹地提供的政策支持等。由此可见，要优化内陆省在"21世纪海上丝绸之路"海运物流网络中的地位和作用，就要尝试与更多的海港建立合作关系，与在网络中具有比当前邻接港口更高连通性的港口建立合作关系，同时要考虑双方发展需求、距离、交通通道便利情况、海港对无水港的支持政策等现实因素，选择合适的港口建立互惠互利的双赢合作机制。这些发现为内陆地区地方政府改善在"21世纪海上丝绸之路"跨境物流网络中的连通性、地位和影响提供了有效的策略。

（三）目前我国内陆省通过无水港连接到“21世纪海上丝绸之路”海运物流网络的外向型水平整体处于较低的层次

与“一带一路”背景下各内陆省强烈的对外贸易发展诉求及快速增长的对外贸易流通规模还存在较大的差距，外向型功能还能匹配贸易外向型发展需求。而且我国对外贸易一直呈现“东高西低”的格局，与中西部内陆地区对外贸易流通通道的阻碍因素有直接关系。与此同时，我国沿海主要港口普遍在“21世纪海上丝绸之路”流通网络中具有重要的地位和作用，其中8个港口属于前10的核心枢纽节点。由此可见，通过构建合理的内陆省与沿海港口合作关系机制与体系以提升内陆省在“21世纪海上丝绸之路”海运物流网络中的外向型特征有较大潜力尚待挖掘，政策性发挥空间较大。

第四章　基于无水港的物流网络结构研究

内陆省依靠无水港与沿海港口的合作关系，可以实现内陆省份与“21世纪海上丝绸之路”海运物流网络的连接与融合，并可以获得一定的外向型物流连通性，实现内陆省份直接提供进出口物流服务的外向型功能，让内陆一定程度上具备了如同沿海城市一样的发展对外贸易的外向型功能，对于克服长期制约内陆省国际贸易发展和对外经济开放的国际物流通道障碍问题具有有效的作用。

但在现有无水港与海港的合作关系下构成的内陆省参与的广义“21世纪海上丝绸之路”海运物流网络中，内陆省在网络中的地位和作用等重要性水平还比较低，与任意海港节点之间的可达性水平也比较低，整体连通性水平在网络中都处于比较低的水平。对于内陆省而言，外向型物流功能还有很大提升空间，网络的效率和结构还有很大优化空间。

另外，由我国无水港建设的现状可知，虽然数量已经非常庞大，但是多数无水港仅仅是某一个海港或者几个海港的单向喂给港口，无水港的建设和布局多数是当地政府各自为政的结果，尤其是“一带一路”倡议实施之后地方政府为追求政绩而快速扩张建设的无水港。缺乏合理布局与系统规划，无水港之间又彼此孤立，没有建立相互合作关系，带来了内陆无水港的无序竞争、运营和货源吸引较为困难等问题，致使无水港运营效率和效益都没有很好地发挥出来。对基于无水港的内陆地区参与的国际物流网络的结构进行系统性规划迫在眉睫。

而在“一带一路”背景下，无水港既可以连接海港作为海港的内陆终端，发挥参与“21 世纪海上丝绸之路”的国际物流功能，同时又可以作为起点，直接建立跨境陆上运输通道，实现对“丝绸之路经济带”沿线国家的联通，因此在“一带一路”背景下，无水港具有了向西连接“丝绸之路经济带”和向东连接“21 世纪海上丝绸之路”的重要枢纽作用，成为内陆政府建设跨境物流网络的重要抓手。然而，在当前无水港分散、孤立、运营困难、无序竞争的状态下，如何充分利用现有的无水港设施，发挥出无水港应有的功能和作用，为内陆地区构建出参与“一带一路”的高效便捷的国际物流网络，提高内陆地区物流外向型水平和经济对外开放水平，成为一个值得深入研究的问题。

本章考虑到无水港在跨境物流网络中的物流整合集聚、中转、辐射等功能，在我国当前无水港现有布局基础上，应用两阶段物流引力模型构建了将内陆腹地分配给相应无水港，再通过无水港连接到沿海港口、延边口岸的轴辐式跨境物流网络，以便于进一步通过沿海港口与延边口岸融入“一带一路”跨境物流网络中去。对内陆地区建构高效便捷的国际物流网络，以更充分地对接“一带一路”倡议和内陆无水港的系统可持续发展有双重重要意义(Wei et al., 2018)。

第一节　轴辐式物流网络基本理论综述

一、轴辐式物流网络概念

轴辐式物流网络是轴辐式网络在物流领域的推广应用。最早的轴辐式网络(Hub-and-Spoke Network, HSN)概念起源于 1978 年美国解除航空管制后的航空运输网络系统，并在航空系统广泛应用（Odchimar & Hanaoka, 2017），随后不断向海运网络（丁一等，2015）、物流网络（Yang et al., 2017）等领域推广应用。计算机百科全书将轴辐式网络结构（hub-and-spoke）定义为任何使用中央连接点的网络结构，等同于网络中的星形拓扑结构。而在物流领域，轴辐式物流网络（Hub-and-Spoke Logistics Network，简称轴辐式网络）又称中枢辐射式物流网络，是相对直通式物流网络而言的，是一种特殊的图，同样由节点和线构成，其中节点包括枢纽节点（hub）和辐节点（spoke），网络中节点之间的连线又分为干线和支线。其中干线指的是枢纽节点与枢纽节点之间的连线，支线是指辐节点与枢纽节点之间的连线。货物先在辐节点集聚，通过支线运输通道运输到枢纽节点，然后在枢纽节点进一步集聚在干线运输通道形成规模效应。因此该网络是一种由许多 O－D 流（Origin-Destination）在辐节点和枢纽节点之间构成运输的网络（张世翔、霍佳震，2005；胡青蜜、胡志华，2015）。

二、轴辐式网络的特点

相对于直通式物流网络而言，虽然轴辐式网络可能存在：货物流到枢纽节点汇集，会延长物流运输的距离，从而增加了货物的运输时间和成本等缺点，但是相比较直通式网络却有如下突出优势：

（一）可以形成物流规模效应，降低物流成本

直通式物流网络中单一 O－D 流构成一条独立的从起点至终点的运输线路，因此在单一的物流线路中由于需求往往较低，所有O－D流量较低，导致车辆满载率可能存在问题，而且起点和终点之间的需求在数量上不一定对称，在时间上不一定重叠或连续，因此无法保证

回程车辆的配载率，进而导致物流资源的浪费和运输成本的增加。而在轴辐式物流网络中，O－D流会经过枢纽节点的汇集，在枢纽节点更容易形成物流规模的提升，进而形成物流运作和运输的规模经济效益。

（二）促进物流资源的整合利用，推动物流集约式发展

对于直通式网络，每一个O－D流都需要配备足够的物流资源，而在轴辐式物流网络中经过枢纽节点的汇集，线路会节省很多，从而减少需要配备的物流资源。比如车辆资源，会相应减少，从而形成物流资源的利用效率提高。

（三）轴辐式物流集聚效益推动了地区经济的发展

轴辐式物流网络中货物的层层汇集，提高了物流的效率，降低了物流成本的同时，提高了各辐点和枢纽节点的物流集聚，增强了节点的辐射能力，物流能力得以提升，物流业务的集聚有效地推动了节点地区经济的发展。

因此，在进行港口选址和物流网络设计时，通常会引入轴幅式网络的概念，以最小化运输成本和最大化经济效益为目标，对网络进行优化，提高整个物流网络的竞争力（Wang，2008；Ji & He，2010；Ji & Chu，2012；Hu，2017）。

对于我国内陆地区（内陆城市）而言，进出口货物具有分散性和不确定性的特点。货物从内陆地区港口或内河港口直接往返运输，货流分散导致无法形成规模效应，货流不确定导致往返物流资源配置困难，从而会产生物流资源的浪费和物流成本的增加。而对于分散于内陆地区的无水港而言，缺乏功能定位，且相互之间不连通，导致货流资源吸

引困难和运行成本的增加，多数无水港处于运营困难的状态。因此，轴辐式物流网络的提出，基于无水港节点、沿海港口节点与延边口岸节点的系统规划，可以实现内陆分散、不确定货流的系统协调，构建功能明晰、层次合理的无水港网络系统，实现无水港之间的系统协调，提高运作效率和资源利用率，同时克服内陆物流运输的问题和无水港现存问题，具体如图 4-1 所示。

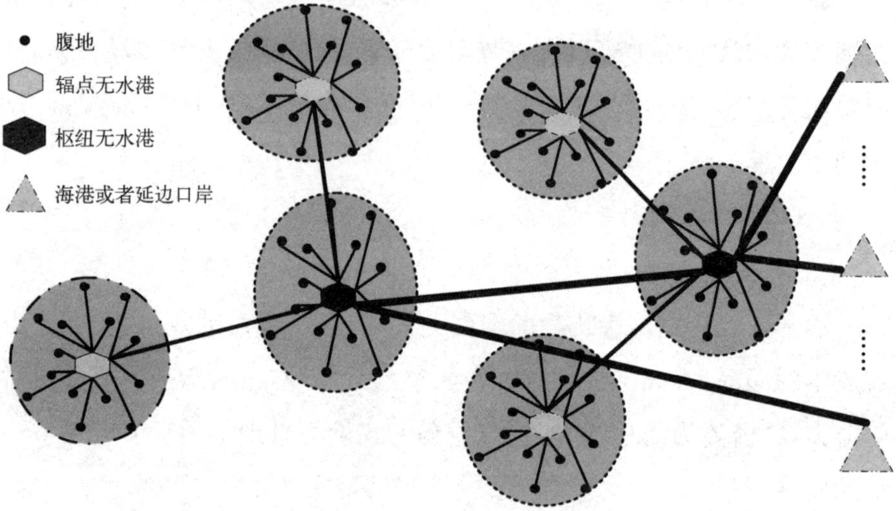

图 4-1　基于无水港的内陆集装箱运输轴辐式网络示意

第二节　基于两阶段物流引力模型的轴辐式网络构建方法

本节提出两阶段物流引力模型，用于构建由内陆腹地、内陆无水港、海港和内陆口岸等构成的轴辐式物流网络，本节内容主要参考了 Wei et al.（2018）。其中，第一阶段引力模型用于设计内陆无水港节点对内陆腹地的辐射分配关系，同时用于从当前的全部无水港节点中筛选出支线无水港节点和候选枢纽无水港节点。在第一阶段模型中，运用主成分分析法建立了无水港物流质量评价指标体系，对每一无水港的物流质量进行评价。在第二阶段模型中，根据现实中不同的政治和经济决策行为带来的无水港、海港、延边口岸之间不同的合作关系，比如，前文提出的采取无水港发展战略的沿海港口，对与符合自身发展需要的无水港会采取成本补贴、通关优惠等扶持政策，支持无水港的发展，从而该无水港与海港之间的物流引力就会增加。基于此，本书提出了"物流引力影响系数"概念，用于评价它们之间的不同合作关系对它们之间物流引力的影响作用。采用有序加权平均(OWA)算子多指标综合评价方法对影响合作关系的重点因素，例如由地方政府、沿海港口或者延边口岸为无水港提供的物流成本补贴，由地方政府、沿海港口或者延边口岸合作提供的通关政策，无水港沿海港口或者延边口岸之间的铁路运输通道的通达性等进行综合分析，对每一无水港与海港、无水港与延边口岸之间的物流引力影响系数进行了评价。基于此系数，提出了一种改进的物流引力模型来设计所有辐点无水港节点、候选枢纽无水港节点、海港节点，以及跨境内陆口岸之间的连接与辐射关系，从而可得整个轴辐式物流网络结构。方法框架如图4－2所示。

一、第一阶段物流引力模型

(一) 基础物流引力模型

应用于社会科学各领域的引力模型起源于牛顿万有引力定律，用来预测和描述事物之间相互作用行为。近年来，空间相互作用方法开始应用在考虑区域经济视角下的物流网络的研究中(Sheu，2003)，引力模型就是其中的一种有效方法。本书将应用两阶段物流引力模型来

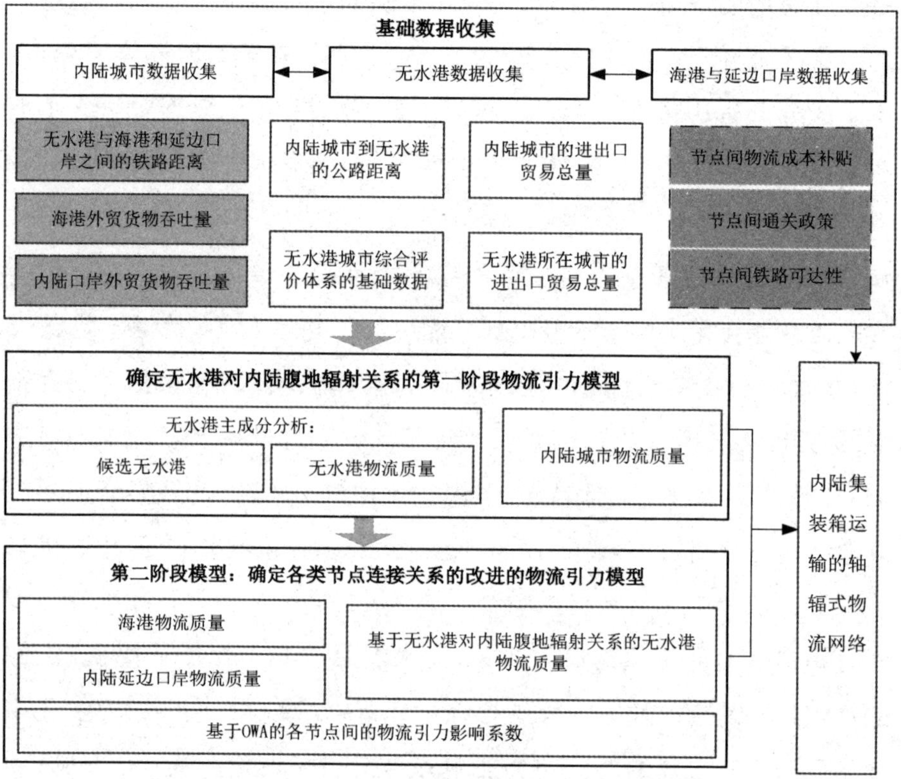

图 4-2　基于无水港的内陆集装箱运输轴辐式跨境物流网络设计方法框架

分析物流网络中内陆腹地节点、无水港节点、海港及延边口岸节点间的相互关系。

像基础引力模型一样，基础物流引力模型可以用如下公式表示：

$$I_{ij} = GM_iM_jd_{ij}^{-r} \tag{4-1}$$

其中，I_{ij} 表示物流节点 i 和 j 之间的物流引力；d_{ij} 是节点 i 和 j 之间的物流距离；M_i，M_j 分别表示节点 i 和 j 的物流质量；G 是引力系数，通常取值为 1；r 是引力衰减系数，通常取值为 2。

如前所述，第一阶段物流引力模型用于评价各个无水港到内陆城市之间的物流引力，以确定每一无水港对内陆腹地的辐射范围，同时确定出网络中的候选枢纽无水港。因此，如何获得各个无水港的物流质量，以及内陆城市的物流质量，应用到物流引力模型中就非常重要。

（二）内陆腹地物流质量

对于内陆腹地而言，本书构建轴辐式物流网络的目的是利用无水港的功能与作用，将内陆城市连接到沿海港口或延边口岸，进一步连接到"一带一路"跨境物流网络中去，以构建出畅通高效的跨境物流网络，更好地服务于内陆地区进出口贸易的发展，提升内陆地区在"一带一路"上的经济开放水平。因此，网络中内陆城市进出口货物运输是所关注的焦点。区域 i 的物流质量可以用该地区的进出口贸易总量来表示。令 M_{H_i} 为区域 i 的物流质量，VI_{H_i} 为区域 i 的进口贸易总量，VE_{H_i} 为区域 i 的出口贸易总量，VIE_{Hi} 为节点 i 的进出口贸易总量，那么区域 i 的物流质量可以表示为：

$$M_{H_i}=VIE_{H_i}=VI_{H_i}+VE_{H_i} \tag{4-2}$$

（三）基于主成分分析（PCA）的无水港物流质量和候选枢纽无水港选择

对于无水港而言，物流质量表示该节点的综合物流能力。作为一个大型的物流公共设施，无水港的发展和功能与地方政府的支持、地方经济的发展、地方物流业的发展水平等都息息相关（Ng et al.，2013；Roso，2008；Wu et al.，2016）。因此，一个无水港的综合物流能力，不只是要关注该无水港节点本身，还要综合考虑无水港所在区域的相关因素。本书应用主成分分析方法（PCA）来评价无水港的物流质量。

主成分分析(Principal Component Analysis, PCA),是一种数据降维技巧,将大量相关变量通过线性变换转化为一组很少的不相关变量的多元统计分析方法。在现实世界里,真实的数据总是存在各种各样的问题而不能直接用于问题分析,比如,数据的不同特征中存在明显的相关性、样本数量较少但是样本数据维度很高等。而主成分分析通过将以上存在各种各样问题的数据集投射到一个由特征向量张成的子空间上,并使数据损失最小,能够有效克服现实世界中数据集存在的多种问题(Clausen & Wecher, 2000)。主成分分析的基本思想是就是通过少数几个不相关的综合指标代替原数据集中具有一定相关性的数据,并且尽可能多地保留原始变量的信息,在数学上的处理方法表现为尽可能多的保留原始数据集中方差的同时,减少该数据集的维度(Jolliffe, 2005; Sharma et al., 2012)。主成分分析的最突出优点是无参数性。也就是说主成分分析过程中不存在任何参数的设定和优化,在对样本先验知识缺乏情况下的数据处理非常有意义。

回到内陆无水港节点而言,无水港所在城市很多方面的经济数据都很直接或间接地影响无水港的综合物流能力,而众多的经济指标数据彼此之间又存在多重的相关关系,因此不能直接用于问题的分析,为降低影响无水港综合物流能力的原始指标数据的维度,消除彼此之间的相关性,而尽量多地保留原始数据提供的信息,本书采用了主成分分析方法对收集的数据进行了处理分析。

本书应用主成分分析方法(PCA)来评价无水港的物流质量,从4个方面构建了综合评价指标体系,包括社会和经济发展、物流市场需求和供给情况,物流基础设施发展情况,通关便利性、成本和物流成本补贴情况。详细的评价指标体系如表4-1所示,其中通关便利性、成本和物流成本补贴情况尤其能够反映当前我国各地方政府为发展外向型物流所采取的不同措施和政策，反映了中国当前的现实情况。例如，各城市依托无水港开通的中欧班列，针对不同的发展定位和目的，不同的地方政府采取的成本补贴措施是不同的。例如郑州政府对郑欧班列所有货种的补贴力度都基本达到了海运价格水平，而重庆仅仅对电子产品品类的补贴力度达到了海运价格水平。

表 4 - 1　无水港物流质量的评价指标体系

因　　素	指　　标
社会和经济发展程度	地区国民生产总值
	地区人均国民生产总值
物流市场供给与需求情况及物流基础设施情况	进出口贸易总额
	消费品零售总额
	农产品生产总值
	工业总产值
	区域货运总量
	运输、仓储、邮政业劳务人员
	区域公路里程
	固定资产投资总额
	邮电业务总产值
	因特网宽带接入端口号
通关便利性情况	通关便利
	通关成本
对地方货物流通的成本补贴	物流成本补贴现状

设内陆地区现有无水港数量为 n，评价指标体系中的指标数量为 p。应用表 4 - 1 所示的评价指标体系，用主成分分析方法对每一个无水港的分析过程如下：

(a) 针对每一个无水港收集评价指标体系中每一个指标的原始数据,得到向量 $x_i=(x_{i1}, x_{i2}, \cdots, x_{ip})^T$, $i=1, 2, \cdots, n$; $n>p$。对样本矩阵数据进行标准化处理,可得到标准化矩阵 Z:

$$Z_{ij}=\frac{x_{ij}-\bar{x}_j}{s_j}, \ i=1, 2, \cdots, n; \ j=1, 2, \cdots, p \tag{4-3}$$

其中,$\bar{x}_j=\frac{\sum_{i=1}^{n} x_{ij}}{n}$, $s_j^2=\frac{\sum_{i=1}^{n}(x_{ij}-\bar{x}_j)^2}{n-1}$。

(b) 计算标准化矩阵 Z 的相关系数矩阵 R:

$$R=[r_{ij}]_p xp=\frac{Z^T Z}{n-1} \tag{4-4}$$

其中,$r_{ij}=\frac{\sum z_{kj} \cdot z_{kj}}{n-1}$, $i, j=1, 2, \cdots, p$。

(c) 解样本相关矩阵 R 的特征方程 $|R-\lambda I_p|=0$,得 p 个特征根,以确定获得 80%以上的原始指标信息为标准,即 $\frac{\sum_{j=1}^{t}\lambda_j}{\sum_{j=1}^{p}\lambda_j}\geqslant 0.80$,确定主成分。设 t 为主成分的数量,对每一 λ_j, $j=1, 2, \cdots, t$,从方程组 $Rb=\lambda_j b$ 得单位特征向量 b_j^o。

(d) 在此基础上,得到函数[式(4-5)]的主成分 U_{ij},然后根据每一主成分 U_{ij}, $j=1, 2, \cdots, t$ 的所占比例,综合加权获得每一无水港的综合评价值 U_i,对每一无水港,如果综合评价值小于 0,则向前平移最小单元,以保证所有的评价值都大于 0,即可得到无水港的最终综合评分。

$$U_{ij}=z_i^T b_j^o, \ j=1, 2, \cdots, t, \ i=1, 2, \cdots, n \tag{4-5}$$

$$U_i = p_{i1}U_{i1} + p_{i2}U_{i2} + \cdots + p_{it}U_{it},\ i=1,\ 2,\ \cdots,\ n \quad (4-6)$$

$$U'_i = U_i + N,\ i=1,\ 2,\ \cdots,\ n \quad (4-7)$$

用每一无水港的综合得分表示无水港的物流质量，设无水港 i 的物流质量用 M_{D_i} 表示，则

$$M_{D_i} = U'_i,\ i=1,\ 2,\ \cdots,\ n \quad (4-8)$$

另外，这些无水港的综合评分排序也可以用于确定候选枢纽无水港：选择一个界限值 Γ，如果无水港 h 的综合得分大于该值 Γ，则无水港 h 被确定为候选枢纽无水港，即

$$U'_h \geqslant \Gamma,\ h \in \{i \mid i=1,\ 2,\ \cdots,\ n\} \quad (4-9)$$

（四）内陆腹地和无水港之间的辐射关系确定

根据公式(4-1)、(4-2)和(4-8)，可以得到每一内陆区域与无水港之间的物流引力。设内陆区域总个数为 m，I_{ij} 是无水港 i 和内陆区域 j 之间的物流引力，那么无水港 i 辐射内陆区域 j 的条件是：

$$I_{ij} \geqslant I_{kj},\ \forall k \in \{i \mid i=1,\ 2,\ \cdots,\ n\},$$
$$j=1,\ 2,\ \cdots,\ m \quad (4-10)$$

即内陆区域 j 到无水港 i 之间的物流引力大于其他所有无水港节点与内陆区域 j 之间的物流引力，那么区域 j 将被无水港 i 辐射。

二、第二阶段引力模型

根据上述无水港的基本理论描述可知，传统无水港的主要运作模式基本都是一个海港或者几个海港的单向喂给模式。通常，海港在无水港与海港的合作关系中具有绝对的强势地位。海港会根据自身发展

的需要，对不同的无水港采取不同的支持和合作策略。再加上不同的地方政府对无水港和物流业的重视程度不同，带来各地方政府对辖域内无水港的扶持政策也不同，如成本补贴、与海关的扶持政策等。这些来自地方政府或其他组织的外部政策和因素将会对物流网络的结构、功能和特性带来影响(Rodrigue, 2012; Yang et al., 2014)，导致无水港、海港与延边口岸之间的物流引力变得复杂。本书提出了一个“物流引力影响系数”来刻画以上这些因素对节点间物流引力的影响，并应用OWA多指标综合评价方法，对每一节点对之间的物流引力影响系数进行了评价。在此基础上提出了改进的物流引力模型，即第二阶段引力模型。它将被用来确定所有的无水港、海港、内陆口岸之间的连接关系。

(一) 物流引力影响系数评价

综上所述，本书物流引力影响系数的提出是为了表示由于外界政策和其他外界因素的作用下一个节点对其他节点之间的物流引力能力的影响情况。基于现实和文献资料(Roso, 2008; Samir et al., 2014)，我们提炼出最应该关注的几个要素：地方政府或港口、口岸的物流成本补贴，通关流程便利性程度，节点间的铁路可达性等3个重要因素。这三个因素代表了当下中国在“一带一路”背景下内陆地区与沿海港口发展内陆腹地和无水港时所采取的主要措施，以及当前内陆地区与沿海港口或延边口岸之间物流通道基本情况，因此能够反映并代表各个节点对之间的外界环境和政策影响情况。

不同的外界因素在不同的节点对之间对于物流引力的影响情况不同。值得注意的是，相同外界因素在不同的节点对之间对物流引力的影响也可能不同。例如，宁波港为内陆腹地江西鹰潭和宁夏银川无水港到港的集装箱提供相同的物流成本补贴，但是由于宁波港与银川无水港之间的主要障碍是铁路运输通道的距离太长并且需要中转，影响了可达性，所以即使是相同的成本补贴但是对银川无水港的影响相对变弱了。相同影响因素在不同节点对之间的物流引力影响不同的特点恰好符合 OWA 的特点。因此本书提出一个基于 OWA 算子的新方法，用于评价网络中每一节点对之间的物流引力影响系数值。

Yager(1988)在研究多指标决策问题时第一次提出了 OWA 算子评价法。假设一个函数 $F: R^n \to R$，其中 R 是一个实数集。$U=(u_1, u_2, \cdots, u_n)$ 为一组给定的指标值向量，$W=(w_1, w_2, \cdots, w_n)^T$ 是与函数 F 相关的一组权向量。其中 $\sum_{j=1}^{n} w_j = 1$，$w_j \in [0,1]$，$j=1, 2, \cdots, n$。设 v_j 是 U 向量中第 jth 大的元素。我们称函数 F 为一个 OWA 算子：

$$F(u_1, u_2, \cdots, u_n) = \sum_{j=1}^{n} w_j v_j \tag{4-11}$$

那么由 OWA 算子获得的评价值矩阵 $A=[a_{ij}]$ 即为物流引力影响系数矩阵，计算过程如下：

假设由地方政府或港口企业提供的物流成本补贴为 u_1，通关手续简化程度 u_2，以及这些节点之间的铁路可达性 u_3，沿海港口和内陆口岸的总数为 θ，共同构成向量 $X=(x_1, x_2, \cdots, x_\theta)$。

(a) 由专家评价法获得无水港权重向量 $W=(w_1, w_2, \cdots, w_n)^T$。

(b) 确定评价矩阵。对于无水港 i，$i \forall \{1, 2, \cdots, n\}$，由相关物流专家对无水港 i 与每一个海港和延边口岸节点 x，$x \forall \{x_1, x_2, \cdots, x_\theta\}$ 构成的节点对，依照上述 3 个评价指标进行指标打分，获得评价矩

阵 $Y=(y_{jk})_{\theta\times 3}$，$j=1, 2, \cdots, \theta$，$k=1, 2, 3$。

(c) 对评价矩阵 $Y=(y_{jk})_{\theta\times 3}$ 进行标准化处理，得标准化矩阵 $R=(r_{jk})_{\theta\times 3}$，$r_j=(r_{j1}, r_{j2}, r_{j3})$。按照 OWA 算子理论，所有指标因素分为两类：一类是成本属性的，就是指指标值越大评价值越小；另一类是利益属性的，就是指指标值越大评价值越大。本书的 3 个指标因素都属于利益属性的指标，其标准化方法如公式(4－12)所示(Goh et al., 1996)。

$$r_{jk}=\frac{y_{jk}}{\sum_j y_{jk}} \tag{4-12}$$

(d) 集结评价。对于每一 r_j，$j=1, 2, \cdots, \theta$，用公式(4－13)得无水港 i 与任意 x，$x\forall\{x_1, x_2, \cdots x_\theta\}$ 的物流引力影响系数。其中 b_k 是 r_j 的第 k 大的元素。

$$a_{ij}(w_1, w_2, w_3)=\sum_{k=1}^{3} w_k b_k \tag{4-13}$$

(e) 对每一无水港重复步骤(b)至(d)，即可获得物流引力影响系数矩阵 $A=(a_{ij})_{n\times\theta}$。

(二) 改进的物流引力模型

物流引力影响系数作为一种外力，直接影响着两个区域或两个节点之间的物流关系。在经济和政治努力的强烈影响下，物流连接关系可能会发生变化这是非常普遍而正常的(Yang et al., 2014)，比如上海港和宁波港具有很大比例的重叠腹地区域，但是宁波港对物流成本的补贴力度更大，还有支持力度很大的无水港五定班列常态化高频运行，为宁波港成功吸引了重叠腹地的货源。因此，为充分考虑这一现状，构造更能反映现实情况的物流引力评价模型，我们将物流引力影响系数添加至基础物流引力模型中，得到改进的物流引力模型，如公式(4-14)所示。其中，a_{ij} 为节点 i 和 j 之间的物流引力影响系数，s 是影响衰减系数，本书中的值是1。

$$I''_{ij}=GM''_iM''_j(1-a_{ij})^{-s}d_{ij}^{-r} \tag{4-14}$$

不同于第一阶段模型，改进物流引力模型是用来分析所有港口节点的连接关系，包括辐点无水港与枢纽无水港之间、无水港与沿海港口之间、无水港与延边口岸之间的连接关系。物流引力模型在本阶段评价的物流引力关系均属于节点与节点之间的，与第一阶段节点与区域之间的引力关系不同。为保证模型的有效性，第一阶段为适应无水港节点与内陆区域的引力关系评价，将无水港节点的物流质量放大到其所在区域的多种要素综合考量。在本阶段的物流引力均是指节点与节点之间的引力，节点的物流质量均采用节点本身所具有的相关因素来评价。因此，为了数据的统一性和代表性，所有节点的物流质量都是通过这些节点的进出口货物总量来表示。

令沿海港口 i 的物流质量为 M''_{S_i}，跨境内陆口岸 j 的物流质量为 M''_{C_j}，沿海港口 i 的外贸货物吞吐量为 F_{S_i}，跨境内陆口岸 j 的外贸货物吞吐量为 F_{C_j}，则

$$M''_{S_i}=F_{S_i},\ i=1,\ 2,\ \cdots,\ \alpha \tag{4-15}$$

$$M''_{C_j}=F_{C_i},\ i=1,\ 2,\ \cdots,\ \beta \tag{4-16}$$

无水港的物流质量是通过无水港的总的货物流量。与第一阶段模型中的无水港物流质量不同，本阶段的物流质量是用该无水港辐射范围内的所有内陆腹地城市的进出口贸易总量的总和来表示的。

令无水港 i 的物流质量为 M''_{D_i}，无水港 i 共有 δ_i 个内陆辐射区域，那么

$$M''_{D_i}=\sum_{j=1}^{\delta_i}M_{H_j}=\sum_{j=1}^{\delta_i}VIE_{H_j} =\sum_{j=1}^{\delta_i}(VI_{H_j}+VE_{H_j}),\ i=1,\ 2,\ \cdots,\ n \tag{4-17}$$

$$\sum_{i=1}^{n}\delta_i=m \tag{4-18}$$

（三）各类港口间连接关系确定

根据式(4-14)至式(4-17)，可得所有无水港、海港和跨境内陆口岸之间的物流引力。根据计算出来的各节点对之间的物流引力数值，如何确定各类港口之间的连接关系，需要根据一定的连接机制。虽然各节点间的物流引力值不变，在不同的连接机制下可以得到不同的枢纽节点和轴辐网络结构。根据现实需要，本书提出如下三类连接机制：

1. *考虑无水港的枢纽功能*

如果所有节点中仅考虑无水港的枢纽功能，那么网络中所有辐点无水港首先必须连接到枢纽无水港，然后通过枢纽无水港连接到海港或者延边口岸。该网络构建考虑的是如何基于无水港连接陆海的枢纽功能，建立起内陆省连接到"一带一路"的陆海联运跨境物流网络，即如何发挥无水港向东连接"21 世纪海上丝绸之路"和向西连接"丝绸之路经济带"的枢纽功能，构建内陆地区陆海联运的跨境物流网络。设计连接机制如下：

设 I''_{ij} 是无水港 i 和候选无水港 j 之间的物流引力，η 是候选无水港的数量。那么无水港 j 被确定为枢纽无水港，无水港 i 是被枢纽无水

港j辐射的无水港，满足

$$I''_{ij} \geqslant I''_{ik}, \ \forall k \in \{j \mid j=1, 2, \cdots, \eta\} \quad (4-19)$$

$$Crad(H_j) \geqslant 2 \quad (4-20)$$

其中，H_j是被枢纽无水港j辐射的辐点无水港集合，$i \in H_j$。

令$I''_{h_i s_j}$表示枢纽无水港h_i和海港s_j之间的物流引力。如果

$$I''_{h_i s_j} \geqslant I''_{h_i s_k}, \ \forall k \in \{j \mid j=1, 2, \cdots, \alpha\} \quad (4-21)$$

则枢纽无水港h_i将会连接到港口s_j。其中α为网络中海港的数量。

令$I''_{h_i c_j}$表示枢纽无水港h_i和跨境内陆口岸c_j之间的物流引力。如果

$$I''_{h_i c_j} \geqslant I''_{h_i c_k}, \ \forall k \in \{j \mid j=1, 2, \cdots \beta\} \quad (4-22)$$

则枢纽无水港h_i将会连接到跨境内陆口岸c_j。其中β为网络中跨境内陆口岸的数量。

2. 考虑无水港和沿海港口的枢纽功能

即网络中的候选无水港和全部的沿海港口都可以成为网络枢纽节点，辐点无水港首先连接到枢纽无水港或者直接连接到沿海港口，然后枢纽无水港再根据引力关系连接到沿海港口。该网络构建考虑的是如何基于无水港建立起内陆省连接到“21世纪海上丝绸之路”的跨境物流网络，即如何发挥无水港向东连接“21世纪海上丝绸之路”的功能。设计连接机制如下：

设I''_{ij}是无水港i和候选无水港j之间的物流引力，I''_{is_j}是无水港i和海港s_j之间的物流引力，η是候选无水港的数量，α为网络中海港的数量。那么无水港j被确定为枢纽无水港，无水港i是被枢纽无水港j

辐射的无水港，满足

$$I''_{ij} \geqslant I''_{ik}，\forall k \in \{k \mid k=1, 2, \cdots, \eta\} \text{ 和 } I''_{ij} \geqslant I''_{is_j}， \\ \forall j \in \{j \mid j=1, 2, \cdots, \alpha\} \tag{4-23}$$

$$Crad(H_j) \geqslant 2 \tag{4-24}$$

其中，H_j 是被枢纽无水港 j 辐射的辐点无水港集合，$i \in H_j$。而如果

$$I''_{is_j} \geqslant I''_{is_v}，\forall v \in \{v \mid v=1, 2, \cdots, \alpha\} \text{ 和 } I''_{is_j} \geqslant I''_{ik}， \\ \forall k \in \{k \mid k=1, 2, \cdots, \eta\} \tag{4-25}$$

则无水港 i 直接被海港 s_j 辐射。

令 $I''_{h_is_j}$ 表示枢纽无水港 h_i 和海港 s_j 之间的物流引力。如果

$$I''_{h_is_j} \geqslant I''_{h_is_k}，\forall k \in \{k \mid k=1, 2, \cdots, \alpha\} \tag{4-26}$$

则枢纽无水港 h_i 将会连接到港口 s_j。其中 α 为网络中海港的数量。

3. *考虑无水港和延边口岸的枢纽功能*

即网络中的候选无水港和全部的延边口岸都可以成为网络枢纽节点，辐点无水港首先连接到枢纽无水港或者直接连接到延边口岸，然后枢纽无水港再根据引力关系连接到延边口岸。该网络构建考虑的是如何基于无水港建立起内陆省连接到“丝绸之路经济带”的跨境物流网络，即如何发挥无水港向西连接“丝绸之路经济带”的功能。设计连接机制如下：

设 I''_{ij} 是无水港 i 和候选无水港 j 之间的物流引力，η 是候选无水港的数量，I''_{ic_j} 表示无水港 i 和跨境内陆口岸 c_j 之间的物流引力。那么无水港 j 被确定为枢纽无水港，无水港 i 是被枢纽无水港 j 辐射的无水

港，满足

$$I''_{ij} \geqslant I''_{ik},\ \forall k \in \{k \mid k=1,\ 2,\ \cdots,\ \eta\}\ \text{和}\ I''_{ij} \geqslant I''_{ic_j},\ \forall j \in \{j \mid j=1,\ 2,\ \cdots,\ \beta\} \tag{4-27}$$

$$Crad(H_j) \geqslant 2 \tag{4-28}$$

其中，H_j 是被枢纽无水港 j 辐射的辐点无水港集合，$i \in H_j$。而如果

$$I''_{ic_j} \geqslant I''_{ic_l},\ \forall l \in \{l \mid l=1,\ 2,\ \cdots,\ \beta\}\ \text{和}\ I''_{ic_j} \geqslant I''_{ik},\ \forall k \in \{k \mid k=1,\ 2,\ \cdots,\ \eta\} \tag{4-29}$$

则无水港 i 直接被跨境内陆口岸 c_j 辐射。

令 $I''_{h_ic_j}$ 表示枢纽无水港 h_i 和跨境内陆口岸 c_j 之间的物流引力。如果

$$I''_{h_ic_j} \geqslant I''_{h_ic_k},\ \forall k \in \{k \mid k=1,\ 2,\ \cdots,\ \beta\} \tag{4-30}$$

则枢纽无水港 h_i 将会连接到跨境内陆口岸 c_j。其中 β 为网络中跨境内陆口岸的数量。

第三节　实 验 研 究

一、实验数据收集

考虑到在“一带一路”倡议下中国内陆地区对外开放的强劲需求，如何构建一个有效的物流网络来连接内陆城市和“一带一路”沿线国家，提高内陆城市在“一带一路”互联互通中的地位和作用，成为迫切需要考虑的问题。本书选取我国内陆地区为研究范围，筛选出布局有已

建成无水港的内陆省份，以地级市为内陆腹地节点单位，应用两阶段物流引力模型建立起了由内陆腹地节点、内陆无水港、沿海港口、延边口岸构成的轴辐式物流网络，将内陆地区连接到了“一带一路”跨境物流网络中去。根据国家发展改革委员会、外交部、商务部2015年3月28日联合发布的《推动共建丝绸之路经济带和21世纪海上丝绸之路的愿景与行动》战略规划与布局，以及我国内陆地区无水港的建设情况，本案例选择了内陆地区17个省级行政区为内陆腹地研究范围，除了目前还没有已建成无水港布局的青海、贵州、西藏三省，我国所有的内陆省级行政区都包含在其中。这17个行政区又由196个地级行政区所构成，这196个地级城市节点就是本案例研究的内陆腹地节点，辖域内分布有39个内陆无水港；另外选择了18个沿海港口和跨境内陆口岸，包括了《推动共建丝绸之路经济带和21世纪海上丝绸之路的愿景与行动》中提到的所有关键港口和口岸节点。其中，17个内陆省级行政区和18个沿海港口与延边口岸见表4-2所示。

表4-2　17个内陆省份和18个沿海港口和延边口岸

序号	内陆省级行政区	海港与延边口岸	内陆无水港	内陆无水港
1	黑龙江	上海港	穆棱内陆港	朝阳无水港
2	吉　林	天津港	长春内陆港	呼和浩特内陆港
3	云　南	宁波-舟山港	哈尔滨无水港	鄂尔多斯内陆港
4	山　西	广州港	昆明无水港	巴彦淖尔内陆港
5	宁　夏	深圳港	侯马无水港	二连浩特内陆港
6	河　南	湛江港	银川无水港	大同内陆港
7	陕　西	汕头港	郑州无水港	鹤壁内陆港
8	甘　肃	青岛港	西安无水港	嘉峪关内陆港

续表

序号	内陆省级行政区	海港与延边口岸	内陆无水港	内陆无水港
9	江　西	烟台港	兰州无水港	安阳内陆港
10	湖　北	大连港	蚌埠无水港	包头内陆港
11	重　庆	福州港	赣州无水港	太原内陆港
12	内蒙古	厦门港	鹰潭无水港	惠农内陆港
13	北　京	泉州港	通化陆港	都拉塔内陆港
14	新　疆	霍尔果斯口岸	上饶无水港	衡阳无水港
15	湖　南	阿拉山口口岸	襄阳无水港	长沙无水港
16	四　川	红其拉甫口岸	萍乡无水港	株洲无水港
17	安　徽	满洲里口岸	寸滩内陆港	吉安无水港
18	——	二连浩特口岸	宣城无水港	武汉无水港
19	——	——	绥化陆港	青白江无水港
20	——	——	通辽无水港	——

二、建立无水港对内陆腹地的辐射关系

(一) 无水港与内陆腹地数据收集与处理

根据第一阶段引力模型中基于主成分分析方法的无水港物流质量评价指标体系，依据《中国城市统计年鉴》和统计公报，收集了 39 个无水港及其所在城市的基础数据，包括区域国民经济总值、区域人均国民经济总值、城市货运总量、通关便利性等评价指标体系中的所有指标对应的基础数据。然后，又收集了 196 个内陆城市的进出口贸易额数据，并用常征(2013)提出的对进出口贸易额对应的进出口货物集装箱箱量的估算方式，本书提出了根据进出口贸易总额的进出口货物总量(万

吨)的估计方法。根据各城市进出口贸易额的进出口集装箱箱量的估算模型如下：

$$Q_{JH_i} = VIE_{Hi} \times \Psi_1 \times \Psi_2 \times \varepsilon \tag{4-31}$$

Q_{JH_i}，$\forall i \in \{i/i=1, 2, 3, \cdots, m\}$：内陆城市 H_i 的进出口货物集装箱箱量(TEU)。m 是内陆城市总数。

VIE_{Hi}：内陆城市 H_i 的进出口贸易总额。

Ψ_1：进出口适箱货金额比重(%)。

Ψ_2：进出口适箱生成系数(TEU/万美元)。

ε：不平衡系数,表示未来一段时间内集装箱运输需求的增长趋势。

设 λ 是平均每一集装箱的货物重量估算系数,例如 $\lambda=17.5$，表示每一集装箱的平均重量按照 17.5 吨进行估算。则根据各城市进出口贸易额得进出口货运总量的估算模型如下：

$$Q_{H_i} = \lambda \times Q_{JH_i} = \lambda \times VIE_{Hi} \times \Psi_1 \times \Psi_2 \times \varepsilon \tag{4-32}$$

其中,各参数的取值情况如下：$\Psi_1=80\%$，$\Psi_2=0.35$，$\varepsilon=1.5$。取集装箱重量估算系数 $\lambda=17.5$。

根据我国无水港运行的现实情况可知,内陆腹地货物供需点到无水港之间的货物运输通常是公路运输,而无水港到沿海港口、延边口岸的物流运输通常是铁路运输,尤其是本案例,针对的是内陆无水港到沿海港口和延边口岸的联系,从地理实际看,大部分属于远距离无水港的范畴,小部分属于中距离无水港的范畴,因此从内陆无水港到沿海港口和延边口岸通常是通过铁路运输方式。根据中国公路里程表和中国铁路里程表,我们收集了 39 个无水港与 196 个内陆城市之间的公路距离,以及 39 个无水港与沿海港口及延边口岸之间的铁路运输距离。根据中国的《港口统计年鉴》,收集了 18 个沿海港口和延边口岸的对外贸易货物吞吐量数据。以上数据的收集与梳理为第二阶段物流引力模型的应用提供了数据支撑。

(二) 无水港和内陆腹地的辐射关系确定

利用主成分分析方法使用 R 语言对 39 个无水港的物流质量进行分析评价。按照 80%的原始指标信息保存率，根据 Kaiser - Harris 准则保留特征值大于 1 的主成分，得到 3 个主成分，详见图 4 - 3 所示。3 个主成分的载荷矩阵如表 4 - 3 所示。39 个无水港的综合评价得分见表 4 - 4 所示。

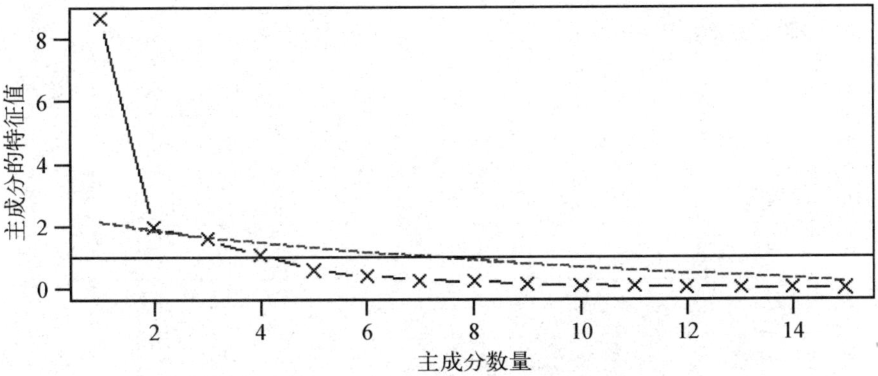

图 4 - 3　寻找主成分数量的含平行分析的碎石图

表 4 - 3　主成分分析的载荷矩阵

	pc1	pc2	pc3
与主成分相关联的特征值	8.69	1.89	1.62
方差贡献率	0.58	0.13	0.11
累积方差贡献率	0.58	0.71	0.81
方差贡献率权重	0.71	0.16	0.13
累积贡献率权重	0.71	0.87	1

表 4-4 各无水港主成分分析综合得分情况

序号	无水港	所在地级市	pc1	pc2	pc3	综合得分	转化为正值（平移一个单位）
1	穆棱内陆港	牡丹江市	−0.691	−0.773	−1.153	−0.764	0.236
2	长春内陆港	长春市	0.227	−0.806	−0.137	0.014	1.014
3	哈尔滨无水港	哈尔滨市	0.467	−1.753	−0.596	−0.026	0.974
4	昆明无水港	昆明市	0.156	−0.159	−0.200	0.059	1.059
5	侯马无水港	临汾市	−0.464	−0.505	−0.208	−0.437	0.563
6	银川无水港	银川市	−0.490	0.518	−0.135	−0.282	0.718
7	郑州无水港	郑州市	0.936	1.432	0.943	1.016	2.016
8	西安无水港	西安市	0.865	1.079	1.402	0.969	1.969
9	兰州无水港	兰州市	−0.340	0.860	0.029	−0.100	0.900
10	蚌埠无水港	蚌埠市	−0.580	−0.239	−0.247	−0.482	0.518
11	赣州无水港	赣州市	−0.240	−1.619	−0.200	−0.455	0.545
12	鹰潭无水港	鹰潭市	−0.741	0.959	0.039	−0.368	0.632
13	通化陆港	通化市	−0.799	−0.313	−1.169	−0.769	0.231
14	上饶无水港	上饶市	−0.430	−0.461	0.377	−0.330	0.670
15	襄阳无水港	襄阳市	0.274	−1.303	1.166	0.138	1.138
16	萍乡无水港	萍乡市	−0.776	0.145	−0.619	−0.609	0.391
17	寸滩内陆港	重庆市	3.013	−1.709	2.845	2.236	3.236
18	宣城无水港	宣城市	−0.709	−0.632	−0.832	−0.713	0.287
19	绥化陆港	绥化市	−0.615	−1.991	−0.869	−0.868	0.132
20	通辽无水港	通辽市	−0.587	−1.178	−0.702	−0.696	0.304
21	朝阳无水港	北京市	3.687	1.582	−3.816	2.375	3.375

续表

序号	无水港	所在地级市	pc1	pc2	pc3	综合得分	转化为正值（平移一个单位）
22	呼和浩特内陆港	呼和浩特	−0.288	1.043	0.082	−0.027	0.973
23	鄂尔多斯内陆港	鄂尔多斯	0.111	1.106	1.229	0.416	1.416
24	巴彦淖尔内陆港	巴彦淖尔市	−0.581	−0.161	0.013	−0.437	0.563
25	二连浩特内陆港	锡林郭勒盟	−0.529	0.096	0.195	−0.335	0.665
26	大同内陆港	大同	−0.462	0.723	0.590	−0.136	0.864
27	鹤壁内陆港	鹤壁市	−0.718	0.843	0.095	−0.362	0.638
28	嘉峪关内陆港	嘉峪关市	−0.837	1.386	−0.350	−0.418	0.582
29	安阳内陆港	安阳市	−0.258	0.346	0.731	−0.032	0.968
30	包头内陆港	包头市	−0.183	1.078	0.271	0.078	1.078
31	太原内陆港	太原市	−0.091	1.236	0.094	0.145	1.145
32	惠农内陆港	石嘴山市	−0.803	0.938	−0.216	−0.448	0.552
33	都拉塔内陆港	伊犁哈萨克	−0.511	−0.405	−0.149	−0.447	0.553
34	衡阳无水港	衡阳市	−0.229	−1.178	−0.096	−0.363	0.637
35	长沙无水港	长沙市	0.810	0.222	0.329	0.653	1.653
36	株洲无水港	株洲市	−0.332	0.078	0.224	−0.194	0.806
37	吉安无水港	吉安市	−0.297	0.365	1.137	−0.005	0.995
38	武汉无水港	武汉市	1.413	0.312	0.728	1.148	2.148
39	青白江无水港	成都市	1.622	−1.162	−0.826	0.858	1.858

按照表 4－4 和公式(4－9)，选择临界值 $\Gamma=1$，主成分分析综合得分大于等于临界值 1 的无水港为候选枢纽无水港，所得候选枢纽无水港如表 4－5 所示。

表 4－5 候选枢纽无水港及其所在城市

无水港	所在地级市	pc1	pc2	pc3	综合得分	转化为正值(平移一个单位)
朝阳无水港	北京市	3.687	1.582	−3.816	2.375	3.375
寸滩内陆港	重庆市	3.013	−1.709	2.845	2.236	3.236
武汉无水港	武汉市	1.413	0.312	0.728	1.148	2.148
郑州无水港	郑州市	0.936	1.432	0.943	1.016	2.016
西安无水港	西安市	0.865	1.079	1.402	0.969	1.969
青白江无水港	成都市	1.622	−1.162	−0.826	0.858	1.858
长沙无水港	长沙市	0.810	0.222	0.329	0.653	1.653
鄂尔多斯内陆港	鄂尔多斯	0.111	1.106	1.229	0.416	1.416
太原内陆港	太原市	−0.091	1.236	0.094	0.145	1.145
襄阳无水港	襄阳市	0.274	−1.303	1.166	0.138	1.138
包头内陆港	包头市	−0.183	1.078	0.271	0.078	1.078
昆明无水港	昆明市	0.156	−0.159	−0.200	0.059	1.059
长春内陆港	长春市	0.227	−0.806	−0.137	0.014	1.014

结合表 4－4 和公式(4－8)可得出 39 个无水港的物流质量数据，结合 196 个内陆城市进出口贸易额，由公式(4－31)可得各内陆城市的进出口集装箱货物总量数据，即为内陆城市的物流质量，再结合 196 个内陆城市与 39 个无水港之间的公路运输距离，根据公式(4－1)第一阶段物流引力模型可得一个内陆城市与无水港之间的物流引力，然后根据

公式(4－10)找出每一内陆港对应的物流引力最大的无水港，建立该无水港与该内陆城市的辐射连接关系，即可得全部内陆城市与无水港之间的辐射关系。

三、轴辐式物流网络建立

聚焦存在于无水港与海港、无水港与延边口岸之间的一些外部影响因素，如来自地方政府或沿海港口、延边口岸的物流成本补贴，地方政府之间或者地方政府和沿海港口或延边口岸之间合作提供的通关流程简化程度，无水港与无水港、无水港与沿海港口或无水港与延边口岸之间的铁路可达性等，针对这些因素对每一无水港与候选无水港、无水港与海港、无水港与延边口岸节点对收集基础数据信息。应用基于OWA算子的物流引力影响系数评价方法，得出13个候选枢纽无水港与13个沿海港口及5个延边口岸之间的物流引力影响系数矩阵。

基于物流引力影响系数矩阵，依据以上收集沿海港口与延边口岸的外贸货物吞吐量数据得到沿海港口与延边口岸的物流质量，见公式(4－15)和公式(4－16)。而根据第一阶段无水港对内陆城市的辐射关系结果，可以计算出通过该无水港的所有腹地城市的进出口集装箱货物总量，即为该无水港节点在第二阶段物流引力模型中的物流质量，见公式(4－17)。

再结合之前收集的无水港与沿海港口、无水港与延边口岸之间的铁路运输距离数据，运用第二阶段物流引力模型，如公式(4－14)所示，可得39个无水港与13个候选枢纽无水港、39个无水港与13个沿海港口、39个无水港与5个延边口岸节点对之间的物流引力。

然后根据对不同连接机制的设计，可建立起各类港口节点之间的连接关系，再加上第一阶段中求出的内陆腹地城市与无水港节点间的辐射关系，即可得到内陆腹地—无水港—沿海港口或延边口岸的轴辐式物流网络。笔者根据不同网络定位和现实情况，提出了三种不同的连接机制，分别为：（一）仅考虑内陆无水港为枢纽节点；（二）内陆无水港和海港为枢纽节点；（三）内陆无水港和跨境内陆口岸为枢纽节点。不同机制下的整个网络结构分析如下：

（一）仅有内陆无水港为枢纽节点的轴辐式网络整体结构

如果仅有内陆无水港为枢纽节点，那么内陆辐点无水港将只能连接到与之物流引力最大的枢纽无水港，然后枢纽无水港再连接到与其物流引力最大的沿海港口和延边口岸，如果候选无水港没有与之相连的辐点无水港出现，那么该候选无水港将不能成为真正的枢纽无水港，而只能作为辐点无水港连接到其他枢纽无水港节点上。按照这个规则，从 13 个候选无水港中确定了 7 个枢纽无水港，枢纽无水港与辐点无水港之间的辐射关系如表 4－6 所示。枢纽无水港、海港、口岸之间的关系也可以根据上述规则一一确定出来。与第一阶段的内陆腹地与无水港的辐射关系连接到一起，就得到内陆腹地—辐点无水港—枢纽无水港—海港或延边口岸的轴辐式物流网络。

表 4－6　枢纽无水港和辐点无水港之间的辐射关系

枢纽（无水港名称）	朝阳	武汉	郑州	西安	长沙	长春	青白江
辐点（无水港名称）	呼和浩特	赣州	银川	侯马	萍乡	穆棱	昆明
	巴彦淖尔	鹰潭	蚌埠	兰州	衡阳	哈尔滨	寸滩
	二连浩特	上饶	鹤壁	——	株洲	通化	——
	大同	宣城	嘉峪关	——	——	绥化	——
	惠农	吉安	安阳	——	——	通辽	——
	鄂尔多斯	襄阳	都拉塔	——	——	——	——
	包头	——	太原	——	——	——	——

然而，在现实中，并不是所有的辐点无水港都先连接到枢纽无水港，再通过枢纽无水港连接到海港和延边口岸。换句话说，它们可以直接连接到海港或跨境内陆口岸而不经过枢纽无水港的汇集中转，因为在真正的物流网络，沿海港口和跨境内陆口岸通常具有较强的物流辐射能力和更高的地位，同时它们自身也都是跨境物流网络中的核心节点或者枢纽节点。因此，内陆无水港枢纽节点和沿海港口、延边口岸之间存在一定的货物吸引竞争关系，即现实中的沿海港口和延边口岸也会直接吸引辐点无水港，直接连接到海港或者延边口岸上去。如果把这些特点融入网络设计，将会获得两种不同类型的轴辐物流网络，分别为：物流网络无水港与海港都可做枢纽节点的轴辐式网络；无水港和延边口岸都可以做枢纽节点的轴辐式物流网络。

（二）无水港和海港为枢纽节点的轴辐式网络整体结构

如果无水港和海港为枢纽节点，辐点无水港可以根据其到候选枢纽无水港的物流引力和到海港的物流引力的比较而确定直接连接到枢纽无水港或者沿海港口，然后枢纽无水港再选择与之物流引力最大的海港节点连接起来，没有辐点无水港选择的候选无水港就成为新的辐点无水港，再根据规则连接到其他枢纽无水港或者海港中去；然后结合第一阶段引力模型求出的内陆腹地城市到无水港的辐射关系，可以得到内陆腹地—无水港—海港和延边口岸的轴辐式物流网络。遵循这一连接机制，可以从 13 个候选枢纽无水港中确定 6 个枢纽无水港，其中的 9 个无水港被它们直接辐射，其余 24 个无水港均被海港直接辐射。表 4－7 显示了在无水港和海港都可以作为枢纽节点的情况下，枢纽无水港对辐点无水港的辐射关系。

表 4-7 无水港和海港为枢纽节点下枢纽无水港对辐点无水港的辐射关系

枢纽无水港	朝 阳	武 汉	郑 州	青白江	长 沙	长 春
辐点无水港	二连浩特	襄 阳	鹤 壁	寸 滩	萍 乡	哈尔滨
	——	——	安 阳	——	株 洲	——
	——	——	西 安	——	——	——

(三) 无水港和延边口岸为枢纽节点的轴辐式网络

如果无水港和跨境内陆口岸(延边口岸)可以作为枢纽港,那么内陆辐点无水港就可以根据到候选枢纽无水港和到跨境内陆口岸的物流引力的大小决定连接到枢纽无水港还是直接连接到跨境内陆口岸,然后枢纽无水港再选择与其物流引力最大的到跨境内陆口岸连接起来,没有辐点无水港选择的候选无水港就成为新的辐点无水港,再根据规则连接到其他枢纽无水港或者跨境内陆口岸中去;然后结合第一阶段引力模型求出的内陆腹地城市到无水港的辐射关系,可以得到内陆腹地—无水港—跨境内陆口岸的轴辐式物流网络整体结构。遵循这一连接机制,可以从 13 个候选枢纽无水港中确定 7 个枢纽无水港,其中的 28 个无水港被它们直接辐射,其余 4 个无水港被跨境内陆口岸直接辐射。其中,枢纽无水港对辐点无水港的辐射关系如表 4-8 所示。

由表 4-7 可以看到在无水港和海港都可以作为枢纽节点的时候,内陆枢纽无水港的辐射能力远远弱于海港,所以,只有 9 个辐点无水港被内陆的枢纽无水港所辐射,其余的 24 个辐点无水港均直接与海港连接,成为海港的直接辐射范围。这与中国的现实情况是相符合的。因为在我国当前的国际物流网络中,沿海港口具有绝对强势地位,货物吞吐量位居全球前十大港口中中国就占据了 8 个。沿海港口强大的货物吞吐能力、物流辐射能力，还有因此而具备的足够的财力去为吸引货源提供了更加优惠的物流价格，比如直接为货主或者货代企业提供的物流成本补贴等，以及直接与各无水港签订的定向合作协议等吸引货源的措施和手段。与之相比，我国无水港当前运营效果普遍较差，货流资源吸引能力较弱，资源闲置浪费，因此，当前枢纽无水港在物流综合能力上还远远无法与海港相提并论。所以，竞争直接腹地时，沿海港口比内陆无水港节点更具明显优势。

表 4-8　无水港和跨境内陆口岸为枢纽节点下的枢纽无水港对辐点无水港的辐射关系

枢纽无水港	朝　阳	武　汉	郑　州	西　安	青白江	长　沙	长　春
辐点无水港	呼和浩特	赣　州	银　川	侯　马	寸　滩	萍　乡	哈尔滨
	巴彦淖尔	鹰　潭	蚌　埠	兰　州	昆　明	衡　阳	通　化
	大　　同	上　饶	鹤　壁	——	——	株　洲	通　辽
	惠　　农	宣　城	安　阳	——	——	——	——
	鄂尔多斯	吉　安	都拉塔	——	——	——	——
	包　　头	襄　阳	太　原	——	——	——	——

而由表 4-8 可以看到，在无水港和跨境内陆口岸都可以作为枢纽节点的时候，内陆枢纽无水港的辐射能力却要高于跨境内陆口岸的辐射能力，有 28 个辐点无水港被内陆的枢纽无水港所辐射，只有剩余 4 个辐点无水港与跨境内陆口岸直接相连。这也与我国的国际物流现状相符合。在国际物流运输方面，我国是海运强国，占据对外贸易货物运输 80%以上的比例，而陆上跨境运输的比例非常低，内陆跨境口岸的货物吞吐量非常低。在“一带一路”倡议实施后，虽然中欧班列等相继开通对延边口岸的发展起到了推动作用，但是相比沿海口岸来讲，当前我国延边口岸的货物吞吐量依然较低，如图 4-4 所

示。因此,内陆跨境口岸对辐点无水港和内陆腹地资源的直接货物吸引能力较弱。

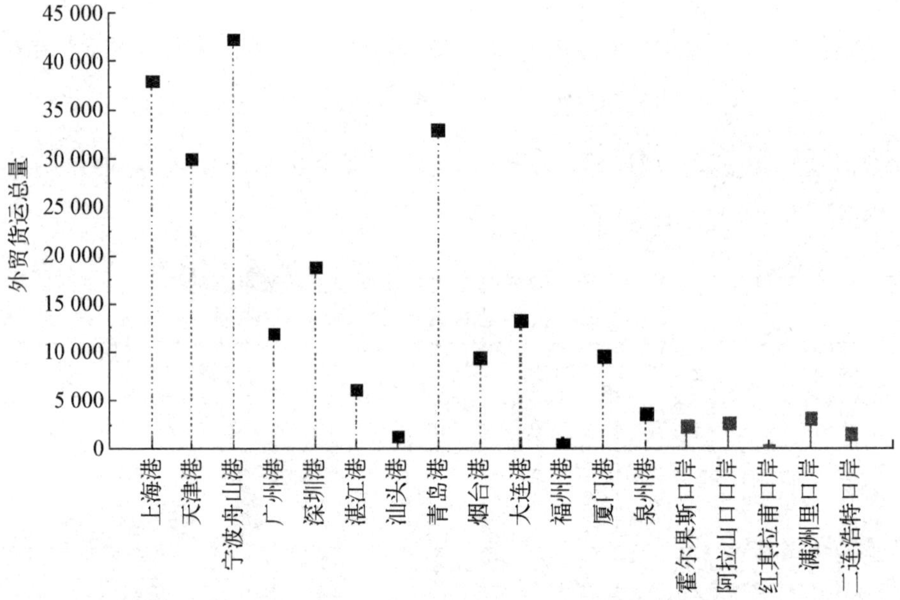

图 4-4　海港和内陆跨境口岸节点的对外贸易货运总量(2015 年)

综合表 4-7 和表 4-8 可知,沿海港口在我国国际物流网络中的物流集聚能力和物流整合能力是最强的,这与中国物流业发展现实是相一致的。而且表 4-7 和表 4-8 的辐射关系信息还可以为内陆地区如何更好地在“一带一路”国际物流网络中进行定位和发展提供策略参考。例如,与其他枢纽无水港相比,郑州无水港和长沙无水港无论是在与海港同为枢纽情况下还是与内陆跨境口岸同为枢纽情况下,都具有较高的物流枢纽能力,所以郑州和长沙地方政府应该尽力与沿海港口和延边口岸同时建立更好的合作关系,发挥出郑州无水港和长沙无水港连通海陆的核心枢纽功能,更好地参与“一带一路”建设,争创“一带一路”上更重要的地位和枢纽作用。而北京朝阳无水港和武汉无水港等内陆无水港在与延边口岸同为枢纽的网络中具有更好的物流辐射能力，说明这两个内陆枢纽无水港可以在陆上跨境物流网络中发挥枢纽作用，有助于地方政府发现自身区位优势并找到合理定位，以便进一步采取更有利的措施，强化无水港在陆上跨境网络中的功能和作用。

四、灵敏性分析

本书提出的两阶段物流引力模型中包括一些基本参数，比如基础物流引力模型中的引力系数和引力衰减系数等参数，以及改进引力模型中的引力影响系数、引力影响衰减系数等。其中，引力系数和引力衰减系数采用的是现有文献研究中通常选取的数值（Helena，2015；Jung et al.，2008），而引力影响衰减系数值的确定基于了如下的一个假设，即假定物流引力影响系数对物流引力的影响是线性的。物流引力模型来源于社会经济学引力模型，而社会经济学引力模型起源于物理学中的引力模型。社会经济学中引力模型的系数是通过计量经济学的方法估计的，这自然会有误差。因为随机误差项是计量经济学模型三大要素：经济变量、参数和随机误差中的一个。它包括难以预测的误差和数据统计、整理及合成过程中发生的误差。因此，考虑到误差的存在，为反映误差存在对结果的影响程度，本书接下来对模型中的每个参数进行了敏感性分析，以检验这些估计参数的不确定性对最终结果的影响。

根据模型的特点和参数在模型中的作用，分析了每一个参数值初始值上下变动50%取值范围下对最终网络结构的影响程度。为更清楚地分析网络结构变化情况，我们采用变化比例的形式对参数取值变化后的网络结构与初始值情况下的原有网络结构的差异进行了分析。包括以下 4 个方面：辐点无水港到枢纽无水港的连接关系的变化比例；枢纽无水港的变化情况；枢纽无水港到沿海港口连接关系的变化情况；枢纽无水港到延边口岸连接关系的变化情况。灵敏度分析结果如表 4-9 所示。

表 4-9 参数浮动 50%时的结果变化情况

变量	变量值变化±50%		变量结果			
	初始值		喂给无水港到枢纽无水港	枢纽无水港	枢纽无水港到海港	枢纽无水港到内陆跨境口岸
G	1	0.5	0.00%	0.00%	0.00%	0.00%
		1.5	0.00%	0.00%	0.00%	0.00%
r	2	1	10.26%	14.29%	16.67%	33.33%
		3	5.13%	0.00%	0.00%	14.29%
s	1	0.5	7.69%	0.00%	14.29%	28.57%
		1.5	12.82%	0.00%	14.29%	14.29%

从表 4-9 可以看出，当参数的值变化为 50%时，结果的变化范围远远小于 50%。两个最大变化率分别为 33.33%和 28.57%，分别是由引力衰减系数 r 和引力影响衰减系数 s 引起的枢纽无水港到内陆跨境口岸的连接关系的变化比例。这表明，枢纽无水港和内陆跨境口岸的连接关系对参数变化比较敏感。这是因为在我国当前的现实情况中，内陆无水港和延边口岸的发展都比较低，彼此之间没有相对比较优势，外部因素的影响会比较容易地对它们产生影响。从表 4-9 也可以观察到，在相当多的情况下（占 50%的比重），参数的浮动并没有对结果带来改变。说明由我们提出的两阶段引力模型方法得到的轴辐式网络结构方案对模型中的参数在一定范围内的变化不敏感，模型的结果是具有有效性的。

第五章　无水港—海港物流网络布局与配置研究

综上所述，无水港的口岸延伸功能让内陆地区更高效地融入国际物流网络，提升在国际物流网络中的地位和作用提供了可能与抓手。而相对于刚刚起步的以无水港为起点的陆上跨境物流网络而言，通过无水港与海港的连接参与到“21 世纪海上丝绸之路”海运物流网络是更有基础的选择。因此，本章将研究内陆地区如何布局无水港与海港的合作与连接构建无水港—海港物流网络，参与到广义的“21 世纪海上丝绸之路”海运物流网络，以及在这样的网络结构中货物如何配置的问题。

如前所述，无水港的口岸延伸功能拉近了内陆地区融入国际物流网络的距离，因此“一带一路”后内陆地区开始积极投入建设并使用无水港资源。但是在此之前，无水港在中国的发展之初主要为沿海港口竞争内陆腹地而主导建设的，无水港多为某一个或几个沿海港口的喂给港口而存在，以沿海港口的合作与支持有强依赖性。因此，研究内陆地区参与“21 世纪海上丝绸之路”的无水港—海港物流网络，海港对无水港的支持与合作关系的考虑必不可少。

另一方面，无水港自身的多种运输方式集结功能，让更多的货源通过铁路运输而不是公路分散运输，大大提供了物流网络的环境效益,因此,研究无水港—海港物流网络时的环境因素考虑同样非常重要。

本章研究了在内陆省市参与"一带一路"倡议、无水港自身建设发展,以及沿海港口竞争腹地资源三重动力推动下,以无水港为核心的高效可持续陆海联运物流网络的布局与货流配置问题,根据无水港自身特性、海港与无水港关系特征,以及"一带一路"发展对物流与交通运输网络构建、对绿色可持续环境保护要求,同时考虑了物流运输的碳排放、拥堵等环境因素,和无水港与海港的合作关系机制因素。主要参考了 Wei 和 Sheng(2017),本章具体内容如下。首先,在无水港布局优化研究中,考虑了海港与无水港之间的合作关系,在海港与无水港合作关系评价基础上,设计了海港对无水港的让利合作机制及评价方法,以此为基础进一步研究以无水港为核心的腹地—无水港—海港陆海联运综合物流网络布局设计与货流配置问题;其次,在腹地—无水港—海港网络布局—货流配置研究中,考虑了公路运输与铁路运输的碳排放对环境的影响,以及公路运输队终端城市的交通拥堵影响因素,将已有研究中无水港布局对物流货运主体利益的关注扩展至腹地—无水港—海港网络整体利益的系统层面,这正是当前港口物流网络研究向绿色高效陆海综合物流网络发展的趋势所在,也为内陆省通过无水港参与"一带一路"建设,争创"一带一路"建设新高地提供了决策参考。

第一节 海港对无水港的让利合作关系评价方法

中国无水港发展是相对滞后且具有鲜明政府行为特性的。在海港与无水港的关系中海港具有绝对强势地位，无水港的发展尤其起步发展阶段对海港提供的优惠措施条件具有相当的依赖性。有的无水港是特定海港主导建设的；有的无水港是地方政府发起建设的，无论是海港主导建设的无水港，还是地方政府自主建设的无水港，一般都通过与一个海港或者几个海港之间的合作协议关系，吸引货源，降低成本，获得初步发展机会。而海港对不同无水港的让步协议是不同的，合作协议的制定基于一定的基础要素的评估，比如说：无水港所在城市及其相邻城市的出口货源量（即出口型经济发展程度）、海港与候选无水港所在城市的交通连通性（对于中距离、长距离的无水港而言，一般指铁路运输的连通性）、无水港所在城市地方政府的重视程度等要素。通过对这些要素的评估，可以确定出无水港与海港之间的合作关系评价系数，以此为基础，确定出海港对无水港的物流成本让利系数。

而值得注意的是，对于不同的海港与无水港，有若干因素共同决定了它们之间的相互合作关系。相同的因素对不同的海港与无水港间相互关系的影响作用可能是不同的。因为不同无水港的突出特征或者竞争优势是不同的，而海港对无水港的让利系数实际上决定于无水港对海港竞争力提升的作用，其最有利的特征往往起主要的作用，所以不同的影响因素对于不同的无水港影响作用不同。这一特点正好与 OWA 评价方法的特点相吻合，因此本书提出了基于 OWA 评估各个海港与无水港之间合作关系程度的方法（Wei，Dong & Sun，2010）。其中 OWA 的具体介绍内容详见本书第四章第二节。

基于前文对海港、无水港之间合作关系影响因素的分析，设无水港所在城市及其相邻城市的出口货源量（u_1），海港与候选无水港所在城市的交通连通性（u_2），无水港所在城市地方政府的重视与扶持程度

(u_3)，无水港在海港腹地网络布局中的重要性(u_4)这些为影响海港对无水港合作关系评价的最主要的几个因素。其中基于OWA算子的合作关系评估步骤也可参考本书第四章第二节的相应描述。假设本章拟研究无水港个数为8个，海港个数为7个，则海港与各无水港之间的合作关系评价矩阵$A=(a_{kj})_{8\times 7}$。应用OWA方法评价每一海港对各候选无水港的合作关系流程如图5-1所示：

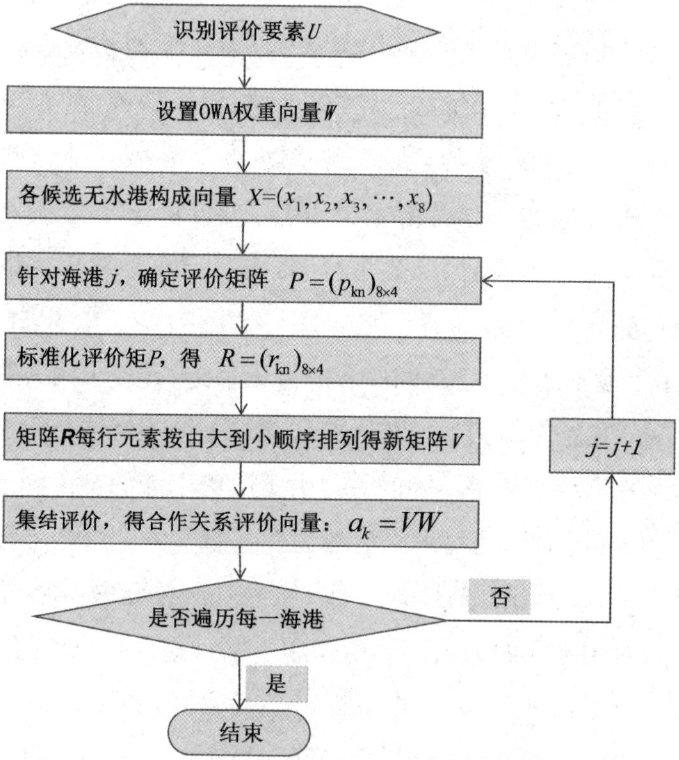

图5-1 每一海港对各候选无水港的合作关系评价方法

设海港j对无水港最大让利成本折扣系数为λ，矩阵A中第j列的最大元素为$a_{\max j}$，海港j对无水港k的让利成本折扣系数s_{kj}，海港对无水港成本折扣系数矩阵为S，则

$$S=(s_{kj})_{8\times7}=\left[\frac{\lambda(1-a_{kj})}{1-a_{\max j}}\right]_{8\times7} \tag{5-1}$$

第二节　无水港—海港物流网络布局与配置优化模型

一、问题描述与建模

本节研究的由腹地、无水港、海港构成的物流网络结构如图5-2所示。其中腹地货物通过公路运输到无水港，再通过铁路运输到达目的海港；或者腹地货源不通过无水港而直接由公路运输到目的海港，但在这种情况下，可能带来更高的碳排放环境代价和更严重的城市道路拥堵问题。本书依据建设内陆省参与海上丝绸之路的高效可持续物流网络的研究目标，选择降低排放、拥堵环境问题和提高物流运输网络整体的经济效益为双重目标，对由腹地节点、无水港候选节点、海港节点构成的港口物流网络进行节点布局和货流配置优化研究，根据腹地节点的货运需求、候选无水港与海港之间的让利合作关系评价情况，选择合适的无水港节点，建立起腹地、无水港、海港之间的归属关系和货流流量关系，形成腹地—无水港—海港综合港口物流网络。

在对海港—无水港让利合作关系评价方法研究基础上，以location-alocation model为基础，考虑了物流运输成本、终端城市拥堵成本、排放污染等3个方面，并同时考虑了海港与无水港之间的让利合作关系，建立了腹地至海港物流总成本最小化和全程运输碳排放量最小化的双目标函数模型。该模型不仅可以对无水港选址布局，同时可以配置优化

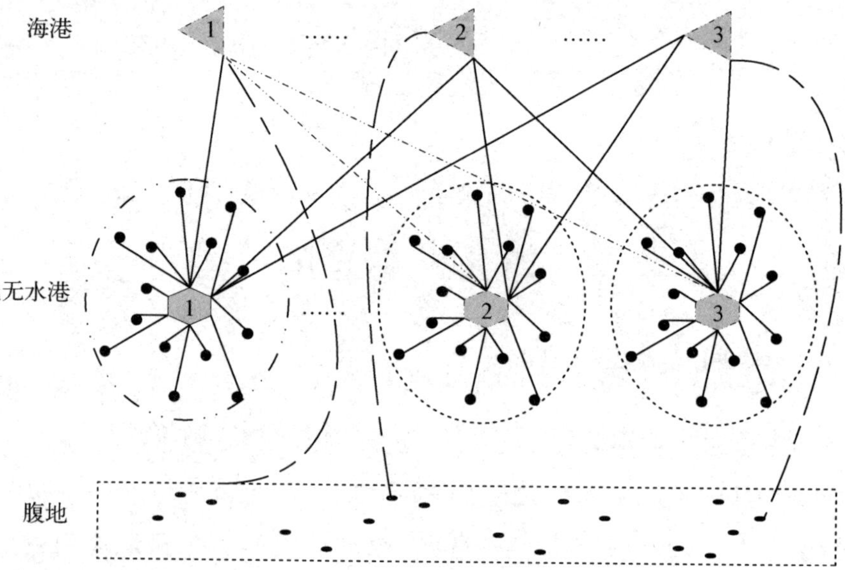

图 5-2　货源地—无水港—海港物流网络结构

腹地与无水港之间、无水港与海港之间的网络接连关系和物流流量。具体模型如下：

$$\min f_1=\sum_i\sum_k q_{ik}c_{ik}l_{ik}+\sum_k\sum_j s_{kj}q_{kj}c_{kj}l_{kj}+\sum_i\sum_j l_{ioj}q_{ioj}(c_{ioj}+c_d)+\sum_k b_k x_k+\sum_k\sum_j b_{kj}y_{kj} \tag{5-2}$$

$$\min f_2=\sum_i\sum_k q_{ik}K_{road}+\sum_k\sum_j q_{kj}l_{kj}K_{rail}+\sum_i\sum_j l_{ioj}q_{ioj}K_{road} \tag{5-3}$$

$$\sum_i q_{ik}=\sum_j q_{kj} \tag{5-4}$$

$$\sum_i q_{ik}\leqslant m_k x_k \tag{5-5}$$

$$\sum_{j} q_{kj} \leqslant m_k x_k \tag{5-6}$$

$$q_{kj} \leqslant M y_{kj} \tag{5-7}$$

$$\sum_{k} q_{ik} + \sum_{j} q_{ioj} = q_i \tag{5-8}$$

$$q_{ik}, q_{kj}, q_{ioj} \geqslant 0 \tag{5-9}$$

$$x_k = \{0, 1\} \tag{5-10}$$

$$y_{kj} = \{0, 1\} \tag{5-11}$$

其中，i，j，k 分别表示腹地、无水港、海港，l，q，c 分别表示它们之间的运输距离（km）、货运量（TEU）和单位距离单位运量的运输成本，l_{ioj}，q_{ioj}，c_{ioj} 表示从腹地直接运到海港的距离、运量和单位成本。b_k 表示无水港 k 的年均建设成本，b_{kj} 表示海港 j 与无水港 k 之间保持合作关系的年均运行维护成本（例如物流通道、通关与检验等的运维成本），K_{road} 和 K_{rail} 分别表示公路运输和铁路运输的碳排放系数。式(5-2)、式(5-3)分别为系统物流总成本函数和碳排放目标函数，式(5-4)表示进出无水港 k 的货运量相等，式(5-5)、式(5-6)表示无水港的能力约束，式(5-7)表示无水港与海港之间的货运通道能力能够满足需要，M 是一个很大的数，式(5-8)表示货源点 i 的货源可以通过无水港和直达海港两种方式满足需求，式(5-10)、式(5-11)分别表示无水港 k 是否建设、无水港 k 与海港 j 之间是否建立直接合作关系。

二、多目标处理方法

根据本书双目标规划问题的特点，提出了双目标协调策略求解方法(Hu, 2015)，如式(5-12)所示。该策略分为两个步骤，首先是最

小化目标函数 f_1，求解以 f_1 最小化的单目标规划，得最优目标函数 f_1^*，然后通过目标函数松弛系数 ε 对第一个目标函数最优值进行松弛的状态下，求解目标函数 f_2 最优值及双目标规划的解。双目标协调策略方法的优点在于，无须统一物流成本与污染排放两个不同的目标函数量纲，同时可以清楚地获得决策者对物流成本的妥协程度与之换取的环境效益大小的决策信息，便于决策者对采取多少比例的物流成本妥协来获得环境效益提供决策参考，以便于获得系统整体满意的最优方案。

$$\min_{x\in X,\ f_1\leqslant(1+\varepsilon)f_1^*} f_2,\ \text{where}\ f_1^* = \min_{x\in X} f_1 \tag{5-12}$$

三、腹地—无水港—海港物流网络布局优化决策框架

归纳总结海港—无水港让利合作关系系数评价方法和腹地—无水港—海港物流网络布局优化双目标规划建模与求解方法等内容，本书设计出了腹地—无水港—海港可持续物流网络 location-allocation 决策框架，如图 5-3 所示。当考虑海港与无水港合作关系及环境约束下腹地—无水港—海港物流网络布局决策时，决策者应该首先确定出候选无水港、与候选无水港可能合作的海港，以及网络服务的腹地节点，收集并确认相关基础数据信息，比如腹地货源运输需求，腹地到无水港、腹地到海港、无水港到海港等的公路与铁路距离等，然后决策者应该根据选择的候选无水港与可能合作的海港一起评价出可能合作海港对候选无水港的物流成本让利合作关系系数，设计出海港—无水港合作关系机制，最后根据海港—无水港让利合作关系以及决策者用物流成本妥协换取环境效益的意愿大小，利用双目标优化模型，从候选无水港中筛选出应该布局的无水港节点，构建腹地到无水港、无水港到海港之间

的连接关系，并确定这些节点之间的物流流量，形成腹地—无水港—海港物流网络。

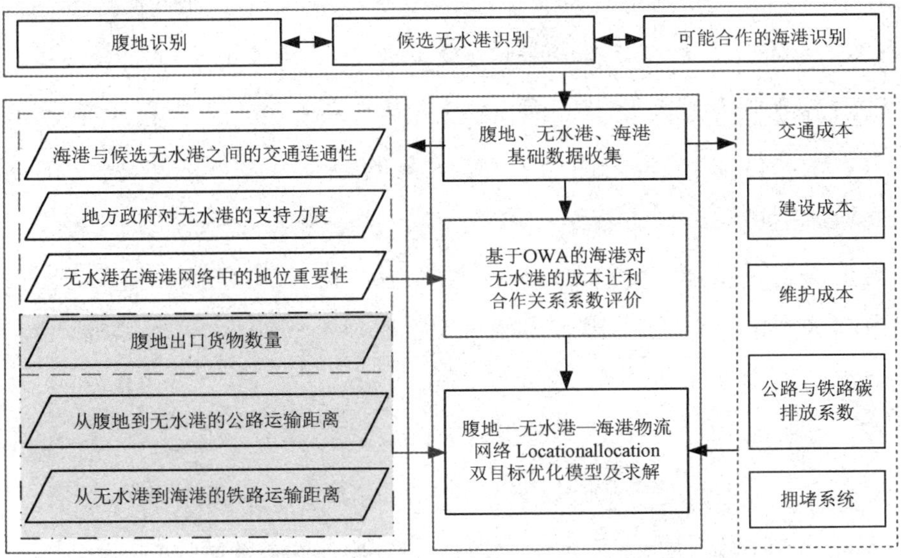

图 5－3　无水港—海港可持续物流网络 location-allocation 决策框架

第三节　实 例 研 究

一、案例基础数据

按照无水港与海港之间的距离关系，可分为长距离无水港、中距离无水港和短距离无水港。其中短距离无水港多数为某一固定海港为主导建设的喂给港，依托于某个固定海港；中距离和长距离无水港往往具有与不同海港建立合作关系的可能性与选择性，一般位于中国中部和西部经济带上。在"一带一路"倡议下，中、远距离无水港所处地区发展外向型经济的需求更强烈，而我国当前激烈的海港竞争下，在“一带一路”倡议规划指导下，沿海港口对内陆腹地的布局正在如火如荼地进行中，当前的发展背景为内陆无水港与沿海港口的合作提供了现实需求与基础。本书以中原经济区核心河南省辖区内的18个内陆城市为货源腹地和候选无水港布局及其可能构建合作关系的沿海港口为研究范围。河南省作为“一带一路”倡议重点省份，正致力于获得在“一带一路”倡议中更高的地位与发挥更重要的作用，而沿海港口对河南省腹地资源的布局在“一带一路”倡议下也显得尤为重要。因此，河南省以无水港建设为抓手，通过建立无水港与某些海港的合作关系，进一步参与到“21世纪海上丝绸之路”经济带，成为重要实现途径。

以地级市为节点单位，河南省辖区内一共有18个腹地节点。依据现有的交通运输网络基础设施和货物运输需求情况，根据区域位置、经济发展与政府意愿确定出8个候选无水港城市（郑州、商丘、新乡、洛阳、鹤壁、南阳、驻马店、漯河）；根据地理位置、货运流向判断以及海港在“一带一路”倡议中的地位，选择了可能与候选无水港合作的7个海港（天津、青岛、日照、威海、烟台、连云港、上海等七个海港）。运用上文所述方法进行研究，提出了货源地—无水港—海港物流网络布局优化方案。依据中国铁路、公路运输时刻表和《河南省统计年鉴》，我们收集整理了所需的基础数据，见表5-1、表5-2，包括腹地节点货运需求量，腹地节点到候选无水港、海港的公路距离，候选无水港与海港之间的铁路运输距离及其连通性（是否需要中转），其中表5-2中有底色的数字表示相应两个海港与无水港之间没有铁路直达，需要在某一个城市或者某几个城市进行中转。其中，中转带来的铁路运输成本的提高，会通过评价海港—无水港之间合作关系系数和无水港—海港对合作关系维护成本系数 b_{kj} 体现出来。

表 5-1　腹地城市到候选无水港和海港的公路距离基础数据

	腹地城市到候选无水港的公路距离(千米)								腹地到海港的公路距离（千米）							腹地货运需求(TEU)
	郑州	商丘	新乡	洛阳	鹤壁	南阳	驻马店	漯河	天津	青岛	日照	连云港	上海	烟台	威海	
郑　州	0	202	70	144	160	262	213	161	708	897	715	584	1 046	962	1 050	351 718
三门峡	468	470	302	128	370	388	325	353	920	1 165	983	852	1 314	1 230	1 138	5 876
洛　阳	144	346	178	0	246	293	237	220	840	1 026	844	713	1 175	1 097	1 179	53 790
焦　作	83	292	64	117	132	352	258	236	706	987	805	674	1 136	1 052	1 140	56 884
新　乡	70	225	0	178	90	332	278	211	630	758	735	596	1 068	886	974	33 000
安　阳	174	282	174	288	42	555	380	313	541	648	583	706	1 168	776	864	20 870
商　丘	202	0	225	346	253	392	334	200	635	683	501	371	833	707	895	6 038
南　阳	262	392	332	293	394	0	173	190	930	1 032	850	709	1 064	1 157	1 245	34 507
开　封	67	135	137	211	227	297	253	186	780	824	642	512	974	889	974	8 289
漯　河	161	200	211	220	278	200	67	0	799	914	732	545	1 020	1 039	1 127	6 502
信　阳	318	339	296	399	486	230	106	189	984	1 100	918	660	834	1 225	1 313	6 465
平顶山	142	273	213	163	275	242	149	94	813	813	716	613	906	985	1 046	11 836
鹤　壁	160	253	90	246	0	394	338	278	562	705	669	646	1 026	790	851	4 533
濮　阳	187	246	123	301	102	449	405	302	511	654	618	604	984	739	800	18 883
许　昌	105	192	156	174	219	184	133	57	920	743	660	561	866	915	976	48 453
周　口	184	132	254	288	322	260	123	66	768	730	596	496	761	916	977	9 444
驻马店	161	334	278	237	338	173	0	67	864	842	708	608	871	1 028	1 089	6 819
济　源	148	350	291	65	202	325	349	282	792	812	710	704	1 056	983	1 070	16 443

数据来源：中国公路运输历程时刻表查询。

表 5-2 候选无水港到沿海各港口的铁路距离(千米)

	天津	青岛	日照	连云港	上海	烟台	威海
郑州	799	1 061	710	559	998	969	1 053
商丘	672	793	560	356	795	766	850
新乡	771	783	630	639	1 078	929	937
洛阳	999	1 185	833	683	1 122	1 316	1 177
鹤壁	705	977	855	705	1 144	1 115	1 192
南阳	1 220	1 431	715	929	1 004	1 197	1 505
驻马店	1 081	1 199	916	712	897	1 175	1 206
漯河	1 015	1 133	850	646	963	1 109	1 140

数据来源：中国铁路运输历程时刻表查询(灰色底色表示需要中转，目前无直达班列)。

二、模型参数确定

运用第二节提出的海港对无水港的成本让利合作系数评价方法求海港对无水港成本折扣系数矩阵 S，见表 5-3。针对双目标数学规划模型，参考专家调研与文献确定模型参数，其中，铁路碳排放系数 $K_{rail}=0.000\,7$ ton/TEU-km，公路运输海港所在城市拥堵成本 $c_d=0.358$ 元 /km-TEU，公路碳排放系数 K_{road} 由式(5-13)确定，取货源地到无水港的平均运输速度为 80 千米/时，货源地直接运输到海港的公路运输平均速度 100 千米/小时(常征，2013)。

$$K_{road}=11.142\,72\times\frac{l_{ik}e^{0.047\,772v_{rd}}}{3\,280.8v_{rd}} \tag{5-13}$$

表 5-3 海港—无水港折扣系数矩阵

S	天津	青岛	日照	连云港	上海	烟台	威海
郑州	0.80	0.70	0.75	0.80	0.95	0.75	0.80
商丘	0.85	0.72	0.98	0.85	0.90	0.98	0.70
新乡	0.85	0.97	0.75	0.80	0.95	0.70	0.96

续表

S	天　津	青　岛	日　照	连云港	上　海	烟　台	威　海
洛　阳	0.80	0.90	0.80	0.80	0.95	0.92	0.97
鹤　壁	0.79	0.99	0.98	0.93	0.93	0.97	0.99
南　阳	0.99	0.99	0.98	0.98	0.97	0.99	0.99
驻马店	0.95	0.95	0.85	0.98	0.90	0.93	0.99
漯　河	0.94	0.95	0.76	0.98	0.92	0.90	0.90

三、结果分析与讨论

基于以上基础数据和模型参数，并设决策者愿意用3%的物流成本的升高换取物流网络整体碳排放成本的降低，目标函数一的松弛系数$\varepsilon=3\%$，我们用Cplex软件双目标数学规划模型进行求解，可得模型满意解如表5-4至图5-6所示。

表5-4　候选无水港布局选择结果

候选无水港	郑州	商丘	新乡	洛阳	鹤壁	南阳	驻马店	漯河
布局结论	1	0	1	1	1	0	1	0

表5-5　腹地到无水港的货流配置情况

腹地货流分布	郑州	商丘	新乡	洛阳	鹤壁	南阳	驻马店	漯河
郑　州	351 720	0	0	0	0	0	0	0
三门峡	0	0	0	5 880	0	0	0	0
洛　阳	0	0	0	53 790	0	0	0	0
焦　作	0	0	56 880	0	0	0	0	0
新　乡	0	0	33 000	0	0	0	0	0
安　阳	0	0	0	0	20 870	0	0	0

续表

腹地货流分布	郑州	商丘	新乡	洛阳	鹤壁	南阳	驻马店	漯河
商　丘	6 040	0	0	0	0	0	0	0
南　阳	0	0	0	0	0	0	34 510	0
开　封	8 290	0	0	0	0	0	0	0
漯　河	0	0	0	0	0	0	6 500	0
信　阳	0	0	0	0	0	0	6 460	0
平顶山	11 840	0	0	0	0	0	0	0
鹤　壁	0	0	0	0	4 530	0	0	0
濮　阳	0	0	0	0	18 880	0	0	0
许　昌	48 450	0	0	0	0	0	0	0
周　口	0	0	0	0	0	0	9 440	0
驻马店	0	0	0	0	0	0	6 820	0
济　源	0	0	0	16 440	0	0	0	0

表 5-6　无水港到海港的货流配置情况

无水港货流配置	天　津	青　岛	日　照	连云港	上　海	烟　台	威　海
郑　州	26 330	0	200 000	200 000	0	0	0
商　丘	0	0	0	0	0	0	0
新　乡	0	0	89 880	0	0	0	0
洛　阳	0	0	0	76 110	0	0	0
鹤　壁	44 290	0	0	0	0	0	0
南　阳	0	0	0	0	0	0	0
驻马店	0	0	0	63 740	0	0	0
漯　河	0	0	0	0	0	0	0

表 5－4 是候选无水港的选择布局结果，表中“1”表示对应的候选无水港被物流网络方案满意解选中作为布局节点，“0”表示未被选中。可以看到，8 个候选无水港的 5 个被选中为要布局的无水港，其候选无水港城市分别为郑州、新乡、洛阳、鹤壁和驻马店。

表 5－5 既显示了 18 个腹地节点与无水港节点的邻接关系，即腹地节点到无水港节点有货流配置的节点对之间就存在邻接关系，同时货流配置数量则表示了对应无水港对腹地节点的物流服务量。例如，表 5－5 中的“6 040”数据就表示了商丘节点由郑州无水港节点提供物流服务，且物流服务流量为 6 040 TEU，然后通过郑州无水港连接到某海港，实现商丘外贸货物向海外市场的出口。

表 5－6 表示了无水港与海港之间的合作关系，以及无水港到海港的货流配置情况。如果无水港—海港节点对对应数据是“0”，则它们之间不存在直接邻接合作关系，如果不是“0”，说明它们之间存在邻接合作关系，且对应数据值就是该无水港向该海港配置的货流流量。

考虑到 7 个海港、8 个候选无水港之间的成本折扣，以及 18 个腹地节点、8 个候选无水港节点、7 个海港节点构成的物流网络的货运碳排放约束，在决策者用 3%的物流成本升高换取碳减排效益的决策意愿下的腹地—无水港—海港物流网络布局全貌。在该满意解下，网络整体物流成本为 ￥$9.467\,966 \times 10^{9}$，碳排放量为 $3.113\,8 \times 10^{8}$ 吨。

以上所有结果由决策者愿意用 3%的物流总成本松弛来换取碳减排环境效益的前提条件，以及海港对无水港成本折扣合作关系评价基础上获得的。本书接下来将要讨论分析海港对无水港的成本折让合作关系、决策者物流成本松弛意愿等因素对无水港—海港物流网络 location-allocation 设计的影响。

（一）不考虑环境约束影响下，进一步研究海港不对无水港采取成本折让合作关系的情况下网络结构的变化，也就是说双目标 MILP 模型中的 s_{kj} 将忽略不计

其最优解如图 5－4(a)所示。相反，考虑海港对无水港的物流成本折扣协议关系下的模型最优解如图 5－4(b)所示。其中，这两种情况下无水港到海港的货流配置情况见表 5－7 所示。

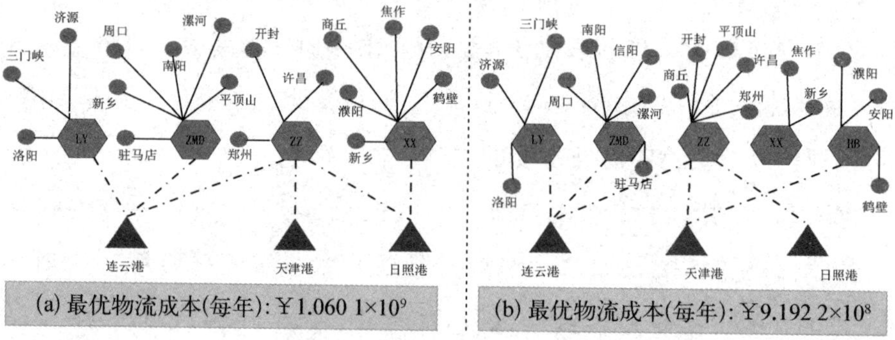

图 5－4　最优物流成本情况

表 5－7　考虑与不考虑成本折扣关系下无水港到合作海港的货流配置比较

是否考虑成本折扣	否			是		
货流配置量	天津	日照	连云港	天津	日照	连云港
郑　州	8 460	200 000	200 000	26 330	200 000	200 000
商　丘	0	0	0	0	0	0
新　乡	0	140 210	0	0	89 880	0
洛　阳	0	0	76 110	0	0	76 110
鹤　壁	0	0	0	44 290	0	0
南　阳	0	0	0	0	0	0

续表

是否考虑成本折扣	否			是		
驻马店	0	0	75 570	0	0	63 740
漯　河	0	0	0	0	0	0
总　计	8 460	340 210	351 680	70 620	289 880	339 850

由图 5-4 可知，在不考虑海港对无水港的成本折扣合作关系下，最优方案中有 4 个候选无水港被选择布局，而考虑海港对无水港的成本折扣合作关系下，有 5 个无水港被选择布局，同时物流成本有所降低，说明海港对无水港的成本折扣协议关系，即海港对无水港的让利合作，对无水港的扩张发展发挥着重要的作用。

另一方面，也是非常重要的一个方面，由海港对无水港的成本折扣系数评估方法中考虑因素可知，无水港所在地方政府的扶持与海港对无水港的折扣密切相关，地方政府对无水港的重视程度和扶持越大，海港越愿意与该无水港建立合作关系，进而该无水港就可以更好地发挥出为港口争取腹地货源，为地方经济对外开放做出贡献的良性循环作用。因此，内陆地方政府通过扶持无水港发展提升地方经济对外开放程度，通过促成无水港与在“21 世纪海上丝绸之路”上具有重要作用的海港建立定向合作关系带动内陆地区更好参与“一带一路”倡议的决策是积极有效的。

由表 5-7 可知，在海港对无水港有成本折扣协议与没有成本折扣协议这两种状态下，各个海港接收到的货流配置数量明显不同。尤其是天津港，由不存在成本折扣状态到存在成本折扣状态，其货流配置从 8 460 TEU 提升至 70 620 TEU，说明建立对无水港的合作关系协议对于海港吸引腹地货源有重要的作用。该结论与天津港正在实施的无水港扩张战略已经对其提升腹地货源吸引力、增强港口竞争力起到了积极作用的现实情况是一致的。

（二）讨论不同总物流成本松弛状态下的碳排放量的变化

给定系统物流总成本松弛系数取值区间 0～0.15，变化步长为 0.000 1，即 $\varepsilon=0:0.0001:0.15$，求解双目标规划模型得物流总成本最优函数值 f_1 和碳排放最优函数值 f_2 的变化曲线如图 5－5 所示。

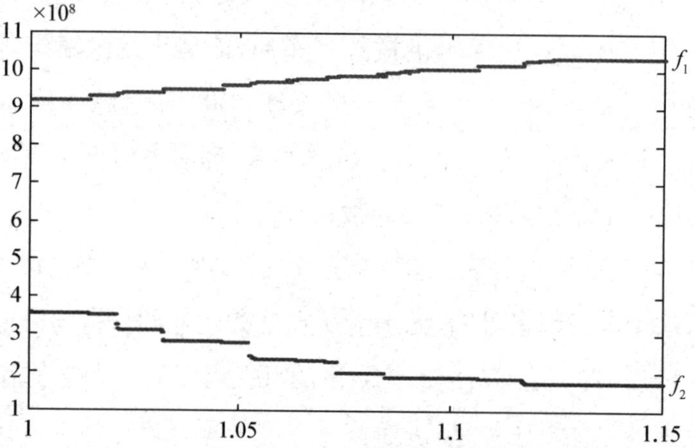

图 5－5 目标松弛系数 $\varepsilon=0:0.0001:0.15$ 下的最优目标函数 f_1 和 f_2 值

目标函数松弛系数表示了决策者对用物流总成本换取碳排放降低环境效益意愿承受的水平。图 5－5 显示了决策者 0%～15%的物流总成本妥协意愿换取碳排放量降低的变化情况，由图可知随着物流成本妥协程度的增加，碳排放量在逐步降低，当物流总成本目标函数松弛系数 ε 到 0.12 时，两个目标函数值均趋于稳定。而具体采取什么水平的物流成本妥协以获得碳排放污染的降低，除政府有强制规定的除外，一般取决于决策者的环保意识强度，为决策者根据自身意愿做决策时关注环境效益提供了有效方法。

第六章　基于无水港的跨境物流组织与优化

第一节　无水港跨境物流组织优化问题描述

当前我国无水港系统的运营中存在缺乏统筹协调、组织管理等一系列问题，导致我国无水港的货物集聚与中转、多种运输方式的有机衔接等无水港功能难以发挥，进一步导致我国内陆地区跨境物流网络的运作效率低下、成本高企的现状。因此，综合考虑跨境运输整体网络，研究如何通过有序的协调与组织，实现进出口货物的高效运输，以及如何针对既有网络上货物运输组织中发现的问题，为综合跨境物流网络系统优化提供决策参考与行动指导，进而提升内陆地区跨境物流网络的运作效率，使既有的内陆地区跨境物流网络的外向型功能得以真正发挥，就变得非常必要。

本章以物流集成商在既有的内陆地区基于无水港枢纽功能构建的连通海陆的综合跨境物流网络中的货流配置与优化为研究视角，以期通过集成商在网络上对货流的协调有序运作，实现内陆地区国际贸易货物在跨境物流网络中的高效流通，并通过不同情境下物流集成商最优货流配置方案反映出的问题与启示的分析，为地方政府推动内陆地区跨境物流网络功能与效率的真正发挥，提供了政策决策与行动支持的方向。

本章研究的内陆地区参与"一带一路"的综合跨境物流网络，是在第四章网络规划设计的基础上，将国内沿海港口继续向外延伸至海外港口，然后延伸至国际贸易的海外目的节点，以及由国内无水港出发经由延边口岸延伸至国外无水港，然后再延伸至国际贸易的海外目的节点而构成的包括国内陆上运输、海上运输，以及跨境陆上运输三部分的陆海跨境物流网络整体结构。其结构示意图如图 6-1 所示。

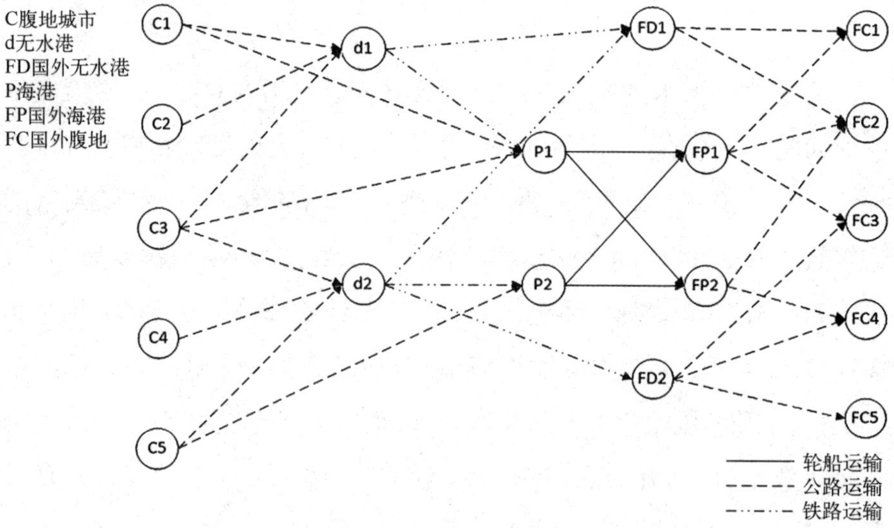

图 6-1　基于无水港的内陆地区综合跨境物流网络结构示意

该网络结构是从国内内陆地区货源地(需求地)到国外货物需求地(货源地)的国际贸易货物流通的国际通道。在该网络中，国内内陆腹地节点与国外腹地节点之间的货物流通存在几种实现途径：

（1）出口货物从国内内陆腹地节点出发通过公路运输方式到达内陆无水港节点，经无水港节点通过铁路运输到达国内海港，由国内海港出发经船舶海上运输到达国外海港节点，再由国外海港经公路运输到达国外货物需求地节点。而对于国内进口货物而言，路径刚好相反。

（2）出口货物从国内内陆腹地节点出发通过公路运输方式到达内陆无水港节点，经无水港节点通过跨境铁路运输经由边境口岸到达国外无水港节点，再由国外无水港经公路运输到达国外货物需求地节点。而对于国内进口货物而言，路径刚好相反。

（3）出口货物从国内内陆腹地节点出发通过公路运输方式直接到达国内海港，由国内海港出发经船舶海上运输到达国外海港节点，再由国外海港经公路运输到达国外货物需求地节点。而对于国内进口货物而言，路径刚好相反。

需要说明的是，第四章基于无水港的内陆轴辐式跨境物流网络的规划设计强调的是功能清晰、层次分明、有机协调的无水港层次体系的构建，但是如第三章所述，当前我国内陆地区基于无水港的实际可运行跨境物流系统中，国内无水港之间相互衔接的较少，所以本章的货流配置研究基于的内陆地区综合跨境物流网络是在考虑现实情况基础上提出的网络结构，以保障研究结论可以对现实网络的运行提供决策支持与指导，真正推动内陆地区跨境运输的效率与水平得以提升。

作为进出口货物的托运人，也就是物流集成商的客户，对于货物运输基本要求表现在三个方面：货物数量；货运时间；货运成本。因此，对于物流集成商而言，首先必须满足客户的要求，其次是满足政府对货运市场的要求，在此基础上考虑如何通过对运输成本的控制而实现自身的经营收益。本章研究的是基于无水港的跨境物流网络，而无水港的一个突出特点就是能够把公路运输尽可能多地转移到铁路上，进而降低碳排放，带来环境效益，因此，可以成为政府控制物流运输行业碳排放率的有效工具。无水港是建立可持续国际多式联运物流网络的有效工具，本书以政府对跨境运输市场碳排放量的要求体现无水港的附加环境效益。

总体来讲，本章要研究的问题就是基于以上提出的内陆地区综合跨境物流网络整体结构，物流集成商如何在满足客户物流货运数量、时间、成本的不同需求，在满足政府碳排放要求基础上，通过货物流通的有效组织，实现自身利益最大化。其中，物流集成商的利润最大化就体现在满足客户要求的货物运输时间前提下，实现货物在整体网络运输中的成本最小化。本章主要参考了 Wei 和 Dong(2019)，具体内容如下。

第二节　优化模型构建

物流集成商是在既有实体网络基础上利用对货流的协调配置，通过对货运成本和时间的协调控制，满足客户、政府及自身的需求。集成商通过决策每条线路上配置的货物和车辆的数量，实现对货运成本和时间双目标的协调控制，进而满足客户、政府和自身的利益追求。基于此，本书建立了货物运输成本和时间的双目标混合整数规划模型，具体如下：

一、变量定义

（一）集合变量

N：网络中所有节点集合。$N=(C, d, P, FP, Fd, FC)$，其中，

C：国内内陆腹地节点集合；d：国内无水港节点集合；P：国内海港节点集合；FP：国外海港节点集合；Fd：国外无水港节点集合；FC：国外内陆腹地节点集合。

V：网络中的所有边的集合。$V = V_{Cd} \cup V_{CP} \cup V_{dP} \cup V_{PFP} \cup V_{dFd} \cup V_{FPFC} \cup V_{FdFC}$。

(二) 决策变量

tcq_{ij}：从节点 i 到节点 j 的集装箱数量；

vn_{ij}：从节点 i 到节点 j 的所调遣的车辆数量。

(三) 参数变量

TC_{ij}：节点 i 到节点 j 单位 TEU 货物的运输成本；

TT_{ij}：节点 i 到节点 j 单位 TEU 货物的运输时间(小时)；

HC_i：节点 i 的单位 TEU 的搬运成本；

HT_i：节点 i 的单位 TEU 的搬运时间(小时)；

SWC_{ij}：本国无水港节点 i 到目的无水港节点 j 之间的换轨成本；

SWT_{ij}：本国无水港节点 i 到目的无水港节点 j 之间单位 TEU 的换轨时间(小时)；

SC_i：节点 i 的单位小时单位 TEU 存储成本；

ST_i：节点 i 的单位 TEU 的存储时间；

CC_i：节点 i 处的报关清关成本；

IC_i：节点 i 处检验检疫费用；

SQ_i：节点 i 的集装箱供应量；

DQ_i：节点 i 的集装箱需求量；

TCE_{ij}：从节点 i 到节点 j 单位 TEU 的运输碳排放量(千克)；

AVN_{ij}：从节点 i 到节点 j 的可用运输车辆总数；

VQ_{ij}：节点 i 单位运输工具的运输容量；

E：政府或法规规定的单位 TEU 的碳排放量(千克)；

X_{ij}：节点 i 到节点 j 之间是否连通。$X_{ij}=1$ 表示节点 i 到节点 j 之间是连通的，存在可行路径；$X_{ij}=0$ 表示节点 i 到节点 j 之间是不连通。

二、模型建立

(一) 目标函数

$$\begin{aligned}\min f^c = \Big(& \sum_{(i,j)\in V} TC_{ij} \times tcq_{ij} + \sum_{(i,j)\in V} 2 \times HC_i \times tcq_{ij} \\ & + \sum_{\substack{(i,j)\in V \\ N_i \notin FC \cup C}} SC_i \times ST_i \times tcq_{ij} + \sum_{(i,j)\in V_{dFd}} SWC_{ij} \times tcq_{ij} \\ & + \sum_{(i,j)\in V_{dFd}\cup V_{PFP}} CIC_{ij} \times tcq_{ij} + \sum_{(i,j)\in V_{dFd}\cup V_{PFP}} IIC_{ij} \times tcq_{ij} \\ & + \sum_{(i,j)\in V_{dFd}\cup V_{PFP}} CEC_{ij} \times tcq_{ij} + \sum_{(i,j)\in V_{dFd}\cup V_{PFP}} IEC_{ij} \times tcq_{ij} \Big) \\ & \div \sum_{N_i \in C} (SQ_i + DQ_i) \end{aligned} \tag{6-1}$$

$$\begin{aligned}\min f^t = \Big(& \sum_{(i,j)\in V} TT_{ij} \times tcq_{ij} + \sum_{(i,j)\in V} 2 \times HT_i \times tcq_{ij} \\ & + \sum_{\substack{(i,j)\in V \\ N_i \notin FC \cup C}} ST_i \times tcq_{ij} + \sum_{(i,j)\in V_{dFd}} SWT_{ij} \times tcq_{ij} \Big) \\ & \div \sum_{N_i \in C} (SQ_i + DQ_i) \end{aligned} \tag{6-2}$$

(二) 约束条件

$$\sum_{(i,j)\in V} (TCE_{ij} \times tcq_{ij}) \div \sum_{i\in C} (SQ_i + DQ_i) \leqslant E \tag{6-3}$$

$$\sum_{(k,\ i)\in V} tcq_{ki} = \sum_{(i,\ j)\in V} tcq_{ij} \quad \forall N_i \notin FC \cup C \tag{6-4}$$

$$\sum_{(i,\ j)\in V} tcq_{ij} = SQ_i \quad \forall N_i \in FC \cup C \tag{6-5}$$

$$\sum_{(i,\ j)\in V} tcq_{ij} = DQ_j \quad \forall N_j \in FC \cup C \tag{6-6}$$

$$vn_{ij} \leqslant AVN_{ij} \quad \forall (i,\ j) \in V \tag{6-7}$$

$$tcq_{ij} \leqslant VQ_{ij} \times vn_{ij} \quad \forall (i,\ j) \in V \tag{6-8}$$

$$\sum_{(i,\ j)\in V} tcq_{ij} \leqslant CAQ_i \quad \forall n_i \in P \cup d \cup FP \cup FD \tag{6-9}$$

$$tcq_{ij} \in \mathbf{Z}^+,\ \forall (i,\ j) \in V \tag{6-10}$$

$$vn_{ij} \in \mathbf{Z}^+,\ \forall (i,\ j) \in V \tag{6-11}$$

其中,式(6-1)和式(6-2)是模型的两个目标函数,分别表示综合跨境物流网络中集装箱运输的最小物流成本目标函数和单位集装箱运输最小时间目标函数。其中物流成本包括公路和铁路的运输成本,各节点处的装卸成本、仓储成本,跨境铁路运输中的换轨成本、港口与无水港处的报关、检验检疫成本等。值得说明的是,因为跨境铁路运输中(如中欧班列)由于沿途各个国家之间的铁路铁轨宽度标准不一样,所以每当铁轨宽度发生变化时就需要换轨,其实就是换车,所以此处需要耗费由于换车而带来的相关成本,称为换轨成本。目标函数[式(6-2)]中的最小时间包括运输时间、装卸时间和仓储时间,其中,境外铁路运输过程中的换轨时间包含在了境外铁路运输的总时间里。这里的单位运输时间是指运输网络中集装箱总的运输时间之和除以总的集装箱数量之和。约束条件[式(6-3)]表示在政府或其他监督机构规定下的碳排放量要求;约束条件[式(6-4)]表示网络中每一中间节点的流入集装箱量等于其流出集装箱量，即中间节点的货流平衡约束；约束条件[式(6-5)][式(6-6)]表示集装箱的供需量都能得到满足；约束条件[式(6-7)]限制了每天线路上可使用的运输车辆数量不超过该路段全部可用的车辆总数；约束条件[式(6-8)]限制了运输路线上的货物流量不超过该线路的通行能力；约束条件[式(6-9)]限制了无水港节点、海港节点的集装箱流量不能超过该节点的集装箱货物吞吐能力；约束条件[式(6-10)]和[式(6-11)]定义了决策变量的非负整数特征。

第三节　优化模型求解

一、多目标优化模型求解特征

多目标优化问题(Multi-objective Optimizations)是相对单目标优化问题而言的，在单目标优化问题的约束条件基础上，求解多个目标函数的最大或者最小问题称之为多目标优化问题。一个典型的多目标优化问题的数学模型如下所示：

$$\min\{z_1 = f_1(x),\ z_2 = f_2(x),\ \ldots,\ z_q = f_q(x)\} \tag{6-12}$$

$$\text{s.t. } g_i(x) \leqslant 0,\quad i = 1, 2, \cdots, m \tag{6-13}$$

其中，$x = [x_1 \quad x_2 \quad \cdots \quad x_n]^T$ 是决策变量的向量，$z_i = f_i(x)$，$i = 1, 2, 3, \cdots, q$ 是模型的 q 个目标函数，$g_i(x)$ 是线性或非线性约束条件函数。令 S 表示决策变量的可行域，Z 表示目标可行域，则

$$S = \{x \in R^n \mid g_i(x) \leqslant 0,\ i = 1, 2, \cdots, m,\quad x \geqslant 0\} \tag{6-14}$$

$$Z = \{z \in R^q \mid z_1 = f_1(x),\ z_2 = f_2(x),\ \cdots,\ z_q = f_q(x),\ x \in S\} \tag{6-15}$$

多目标优化问题的多目标函数一般具有单位不同、彼此之间相互矛盾与冲突、不能同时获得最优值的突出特点。传统的多目标问题的求解方法通常是采用一定的权重系数，将多个目标函数整合为一个单目标函数。典型的求解方法有评价值函数法，具体包括理想点法、线性加权法、目标规划法等；目标排序法和带松弛因子的目标排序法。但是因为多目标问题的各个目标评价标准与它们之间的权重有关，而权重系数又比较难以确定，这是将多目标问题转化为单目标问题的传统求解方法的弊端。分析这些问题发现，如果可以求出多个目标函数的合理解集，即 Pareto 最优解就变得非常有意义和必要了。

以上述典型多目标优化数学模型为例，给定一个可行解 $x^* \in S$，对于 $f(x^*) \leqslant f(x)$，有 $\forall x \in S$，则称 x^* 为多目标规划问题的绝对最优解。如果不存在 $x \in S$，使 $f(x) < f(x^*)$，则称 x^* 为多目标优化问题的有效解，这种求得的不比其他任何解差的解集，就称为 Pareto 最优解。

二、多目标遗传算法

在多目标优化问题的求解研究中发现，遗传算法具有多点搜索的特点，具有能够通过一次搜索求得多个 Pareto 最优解集合的优点，可以在求解过程中生成一组非劣解，以此推动优化面向 Pareto 最优解方向前进，是求解多目标优化问题的有效手段。采用遗传算法求解多目标最优化问题，最重要的是正确评价与选择各代种群中所获得 Pareto 最优解，并保留到下一代，避免各目标权重设置的不合理使搜索向其中一个目标方向偏重而无法兼顾全局，而使优良解遗漏的问题。Gen 和 Cheng(2000)提出的适应性权重遗传算法（awGA：Adaptive-weight GA)在进化过程利用当前种群获得的正向理想点，并根据当前种群中的有用信息对目标偏好持续细化，通过适应性调整权重使 Pareto 最优解靠近理想点来进行解的搜索，从而避免固定权重设置多目标优化求解中的问题。本章的多目标数学规划问题就是选择适应性权重多目标遗传算法进行求解，算法设计方案如下：

（一）编码设计

所谓编码就是将解空间的可行解转换成遗传空间的由一定结构组成的染色体(或者称为个体)的过程。按照可行解的特征，本书采用整数编码的方式对内陆综合跨境物流网络中所有节点，分别为国内内陆腹地需求点、国内无水港节点、国内港口节点、国外港口节点、国外无水港节点、国外内陆腹地需求节点，进行编码，每一个基因位代表一个节点，取值范围为[1—该类节点数目]的整数值。

（二）生成初始种群

通常初始种群的产生方式有两种，即随机生成方式和启发式产生方式。本书采用随机生成方式生成初始种群，作为初始点进行搜索迭代。

（三）适应度函数确定

适应度函数是遗传算法用于评价个体优劣程度的函数。一般而言，一个种群中个体适应度值越大，则其可以产生子代或者遗传到下一代种群中的概率越大。

以最小化多目标优化问题为例，适应性权重遗传算法的适应性权重确定过程如下（玄光男，2017）：

定义遗传算法中各代种群中所获得的 2 个顶点：

$$Z^{+}=[z_1^{\max},\ z_2^{\max},\ z_3^{\max},\ \cdots,\ z_q^{\max}] \tag{6-16}$$

$$Z^{+}=[z_1^{\min},\ z_2^{\min},\ z_3^{\min},\ \cdots,\ z_q^{\min}] \tag{6-17}$$

其中 $z_k^{\max}$、$z_k^{\min}$ 表示 k 个目标函数的最大值和最小值。令 P 表示可行域解的集合。则 $z_k^{\max}$、$z_k^{\min}$ 定义如下：

$$z_k^{\max}=\max\{f_k(x)\mid x\in P\},\quad k=1,\ 2,\ \cdots,\ q \tag{6-18}$$

$$z_k^{\min}=\min\{f_k(x)\mid x\in P\},\quad k=1,\ 2,\ \cdots,\ q \tag{6-19}$$

由此，某一个染色体 x 的权重和由下式求得：

$$\begin{aligned} z(\mathbf{x}) &= \sum_{k=1}^{q} w_k(z_k^{\max}-z_k)=\sum_{k=1}^{q}\frac{z_k^{\max}-z_k}{z_k^{\max}-z_k^{\min}} \\ &= \sum_{k=1}^{q}\frac{z_k^{\max}-f_k(\mathbf{x})}{z_k^{\max}-z_k^{\min}} \end{aligned} \tag{6-20}$$

其中第 k 个目标函数的适应性权重 w_k 由下式计算：

$$w_k=\frac{1}{z_k^{\max}-z_k^{\min}},\ k=1,\ 2,\ \ldots,\ q \tag{6-21}$$

据此，对本书双目标规划模型的适应度函数可设置如下：

$$f_{itness}(x)=\frac{z_1^{\max}-f_1(x)}{z_1^{\max}-z_1^{\min}}+\frac{z_2^{\max}-f_2(x)}{z_2^{\max}-z_2^{\min}} \tag{6-22}$$

(四) 选择操作

即确定上一代种群中的哪些个体可以用于产生下一代个体，以提高全局收敛性和计算效率的操作。本书采用轮盘赌法进行选择操作。轮盘赌选择也称为比例选择算子，基本思想是个体被选中的概率与其适应度函数值成正比，选择过程如下：

设种群大小为 n，计算每一条染色体 x_i，$i=1, 2, 3, \cdots, n$ 的适应度函数值为 $f_{itness}(x_i)$，则染色体 x_i 被遗传到下一代的概率 P_i 为：

$$P_i=\frac{f_{itness}(x_i)}{\sum_{i=1}^{n} f_{itness}(x_i)} \tag{6-23}$$

计算每一个个体的累计概率 q_i：

$$q_i=\sum_{j=1}^{i} f_{itness}(x_j) \tag{6-24}$$

在区间[0, 1]内生成一个均匀分布的伪随机数 α，如果 $\alpha < q_1$，则染色体 x_1 被选中；如果 $q_{i-1} < \alpha < q_i$，其中 $1 < i \leqslant n$，则染色体 x_i 被选中。重复该选择过程 n 次。

(五) 交叉操作

交叉操作是将两条染色体部分基因交换或者两条染色体组合的方式产生新的个体的操作，它决定了遗传算法的全局搜索能力。本书选择单点交叉方式操作。所谓单点交叉就是随机生成一个[$1-n$]的整数 β 作为交叉点，对带交叉的两条染色体的交叉点 β 之后的所有基因进行互换，产生新的两条个体。

(六) 变异操作

变异是将个体的某些基因值用其他等位基因替换,产生新的个体。本章采用的变异算子是均匀变异算子。即假设变异概率为 P_M,在种群中随机选择一个个体 x,对于该个体的每一个基因,均匀随机的产生一个[0, 1]的随机数 γ,如果 $\gamma < P_M$,则从该基因对应的定义域内均匀随机地取一个值付给该基因。

(七) 精英保留策略

已有研究证明,如果仅采用标准遗传算法的选择、交叉和变异操作收敛不到全局最优值。精英保留策略较好地克服了这一问题,其基本思想是将父代种群中的适应度最好的精英个体,不进行交叉、变异等操作,而直接保留到下一代种群中去,从而避免优良基因被选择、交叉、变异等操作破坏或丢失(Dejong, 1975; Rudolph, 1994)。本书将精英策略纳入子代生产的操作之中,即如果父代种群的 x_i 个体的适应度函数值 $f_{itness}(x_i)$ 大于等于子代种群中全部个体的适应度函数值,则 x_i 个体将直接纳入子代种群中,然后从子代种群中淘汰掉适应度值最低的个体,以保证种群数量的不变。

(八) 终止判断

本书多目标遗传算法的终止条件是最大迭代次数判断法,即算法运行到设定的最大迭代次数值的时候停止运算。

基于以上算法设计,本章建立的基于无水港的内陆地区参与的"一带一路"综合跨境物流网络货流配置双目标优化混合整数规划模型的适应性权重多目标遗传算法具体步骤如下:

1. 设定种群的大小 $popsize$,交叉率 P_c,变异率 P_M,最大代数

max gen，初始评价函数值 min $eval$，初始迭代次数为 0。

2. 根据本书提出的染色体编码机制，生成满足多目标优化问题约束条件的初始解的染色体(编码)。

3. 根据染色体，计算多目标优化问题的目标函数 $f_k(x)$（解码）。

4. 根据各目标函数 $f_k(x)$ 的值，生成 Pareto 最优解。

5. 根据本书提出的基于适应性权重的适应度函数，计算各染色体进行适应度值，结合精英策略，对种群进行选择、交叉、变异操作，得到下一代种群。

6. 若 $gen <$ max gen，则返回 6；反之，若满足终止条件，输出 Pareto 最优解并结束。

第四节　实 例 分 析

一、案例基础数据收集

本章研究的是在既有的基于无水港的内陆地区参与“一带一路”的综合跨境物流网络中，以物流集成商的角度出发，分析如何在综合跨境网络中协调分配货流与车辆资源以保障货主要求的运输时间满足的同时，实现货物运输成本的最小化问题，通过物流集成商在一定的物流网络条件下的货流配置规划，进一步观察网络的利用情况，从一定条件下的集成商的运作行为选择，为内陆地方政府等网络布局与政策制定者提供决策指导，从而通过调整与优化现有综合跨境物流网络的基本条件和政策，提高内陆地区综合跨境物流网络服务于进出口货物运输的物流效率，从而推动内陆地区在“一带一路”沿线的外向型物流功能水平的提升。

2015年6月,国家发展改革委员会、外交部、商务部联合发布的《推动共建丝绸之路经济带和21世纪海上丝绸之路的愿景与行动》指出:"打造重庆西部开发开放重要支撑和成都、郑州、武汉、长沙、南昌、合肥等内陆开放型经济高地。"因此,为更具代表性,本书设定物流集成商的货源腹地分布在湖北、湖南、安徽和江西等4个内陆省份,其省会城市均是《推动共建丝绸之路经济带和21世纪海上丝绸之路的愿景与行动》中重点发展的核心节点。该物流集成商在这四个内陆省份的每一个省内都分布有5个揽货中心,分别为安徽省的合肥、芜湖、安庆、阜阳、马鞍山;湖北省的武汉、宜昌、襄阳、荆州、黄冈;江西省的南昌、赣州、九江、上饶、宜春;湖南省的长沙、岳阳、常德、衡阳和株洲,构成综合跨境物流网络案例中的20个国内内陆地区腹地节点,设每一个内陆节点的货物运输需求均为1 500 TEU。在这四个省的辖域内分布有5个无水港节点,分别为:武汉、合肥、长沙、上饶和南昌无水港。5个无水港分别可以通过铁路或公路运输到沿海港口宁波港和上海港,然后通过海运到达国外海港安特卫普港、汉堡港、勒阿弗尔港、比雷埃夫斯港、鹿特丹港、威尼斯港、格但斯克港、巴塞罗那港8个海港,均是"一带一路"沿线国外重要港口节点,再经公路运输到国外腹地节点。另外合肥无水港、武汉无水港、长沙无水港分别开通了直达汉堡、梅林克帕尔杜比采、杜伊斯堡3个国外城市的无水港的3条中欧班列。货物可由国内无水港经中欧班列到达以上3个国外无水港,再由公路运输到国外腹地节点。其中国外腹地节点为以上8个国外海港和3个无水港所在的城市节点构成。综合以上所有信息形成一个由20个国内内陆节点、5个无水港节点、2个国内海港节点、8个国外海港节点、3个国外无水港节点、10个国外腹地节点构成的内陆地区综合跨境物流网络。依据中国铁路里程表、中国公路里程表、中欧班列官方新闻资料、船讯网等数据信息，分别可收集网络各节点间运输距离数据。

根据文献资料(Lam & Gu, 2016)，以及实际收集的中欧班列运行情况数据，设置各种运输方式成本、时间和速度等参数见表 6－1 至表 6－3。遗传算法参数设置为：种群规模 100，最大迭代次数 200，交叉概率为 0.7，变异概率为 0.05。

表 6－1　不同运输方式下单位集装箱的运输成本

（单位：\$/km）

公路运输	铁路运输		海上运输
	国内段铁路运输	跨境班列运输	
2	1.5	1.7	0.3

表 6－2　中欧班列运行中的换轨、通关等时间和成本参数

换轨时间(小时)	换轨成本(美元)	通关成本(美元)
0.39	590	430

表 6－3　各种运输方式下的运输速度参数

（单位：千米/小时）

公路运输	铁路运输	中欧班列	海上运输
80	70	120	40

二、结果分析与讨论

依据上述网络参数设置和遗传算法参数设置，得 Pareto 最优解分布如图 6－2 所示。

应用双目标遗传算法求解，共得到了 50 个 Pareto 最优解。图 6－2 给出了全部的最优成本与时间目标解组合，可以获得在不同的成本目

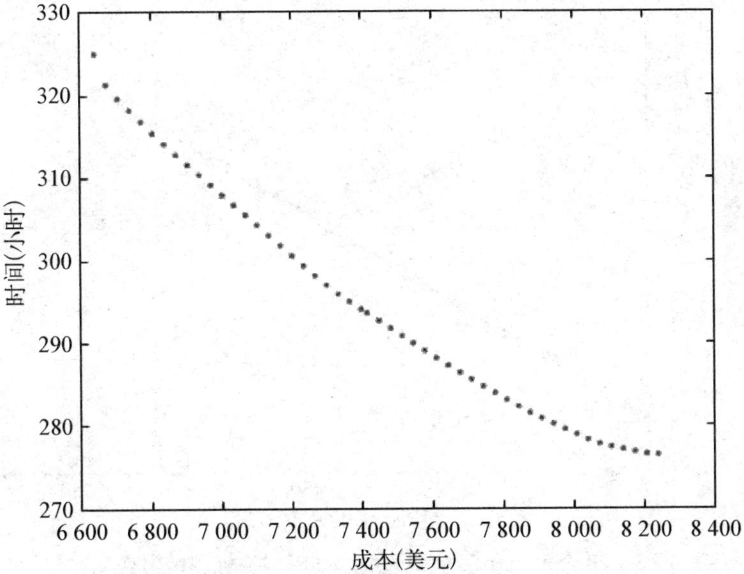

图 6-2　案例网络货流配置双目标数目规划 Pareto 最优解分布

标值下运输所需的最小时间目标值，为物流集成商综合考虑货物属性及客户成本、时间需求下，通过设置不同的成本目标和时间目标侧重程度，实现最优方案的选择提供了参考。

对这 50 个 Pareto 最优解的目标函数值进行[0～1]的标准化处理，绘制出不同 Pareto 最优解中成本和时间的变化趋势图，见图 6-3。

根据图 6-2 和图 6-3 可以看出，跨境物流网络中的内陆货物运输时间和运输成本呈相反的变化趋势。由图 6-3 中标准化后的运输时间变化曲线可以看出，从 Pareto 最优解序号 30 开始，当成本仍均匀上升的时候，时间的降低速率在减小，这就说明用相同程度的成本提升换来时间效率的提高的效用降低了，即与前 30 个 Pareto 最优解相比，想要获得相同时间的降低，则需要更高的运输成本升高为代价。因此，本书对 Pareto 最优解排序 30 的最优方案进行了专门分析。该最优解的

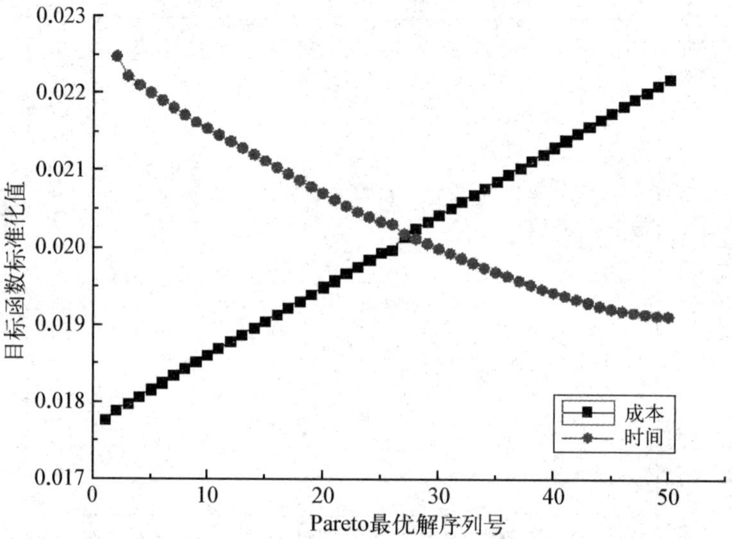

图 6-3　50 个 Pareto 最优解的成本和时间目标函数值变化趋势

最小成本为 7 579.093 美元，最小时间为 289.080 2 小时，而只考虑最小成本单目标情况下的最小成本为 6 590.528 美元，此时的运输时间为 325.054 3 小时，该最优方案相当于比只考虑成本目标时的成本值提升了 15%，而运输时间节省了 36 个小时，将其称之为最小成本松弛 15% 情况下的最优解。

由图 6-2 还可以看出，当只考虑最小时间单目标时，最小成本为 8 238.143 美元，比只考虑最小成本单目标下的最小成本目标函数值提升了 25%的比例，也就是说，集成商可以用 25%的成本增长换取运输的最短时间。还可以说明，集成商通过调节运输成本换取运输时间的松弛空间为[0～25%]。

对只考虑最小成本，只考虑最小时间，以及前面提到了的成本提升 15%情况下的最优解对应的货流配置方案进行统计，结果如表 6-4 所示。

表 6-4 最优解对应的网络货物流配置方案

	境内陆上运输		海上运输	中欧班列
	公 路	铁 路	海 运	铁 路
最小成本	48%	52%	100%	0%
最小时间	33%	67%	64%	34%
双目标 (最小成本松弛 15%)	45%	55%	71%	29%

通过表 6-4 可以得到如下结论:

(一) 在单一最小成本目标追求下,跨境路段全部走海运,没有货物选择中欧班列运输

这是与当前内陆地区跨境运输的现实相符合的结果。在当前现实中的跨境班列运输成本,相比较海运高出了很多,因此在只考虑最低成本时会选择海运方式。说明在当前的海运与跨境陆上运输的成本结构中,中欧班列跨境陆运对货流没有吸引力。在这种情况下,无水港向西连接"丝绸之路经济带",向东连接"21 世纪海上丝绸之路"的集结多种运输方式的核心枢纽功能不能得到发挥。

(二) 随着对货物运输时间目标的追求,跨境陆运方式开始被更多的货流选择,中欧班列运输比例逐步提高

但是即使在对单一的最小时间的追求下,中欧班列运输也仅占了 34%。虽然铁路运输速度远快于海运,但是即使追求最小的运输时间目标,跨境铁路运输的比例依然较低,这进一步说明即使同时考虑运输成本和运输时间两个因素,当前我国内陆地区存在中欧班列跨境陆运相比传统海运来讲依然没有货流吸引优势。

（三）随着对运输时间的要求提升，内陆公路运输的比例反而在下降，这是与传统公路、铁路运输网络分析中不同的结论

这是因为随着对时间要求的提升，中欧班列运输方式货流配置比例在提升，让更多的内陆公路运输转移到铁路运输输送到跨境陆运方式中来。即降低了公路运输所带来的环境污染，又提高了跨境物流的运输效率。另外针对国内陆上运输路段来讲，公路运输比例大幅降低，铁路运输提升，让更多的货物由原来的公路运输转移到无水港与港口和口岸连接的高效便捷的铁路通道中去，同时降低了运输的成本，提高了运输效率。以上两个方面显现了利用无水港开辟跨境陆运的优点。

而根据我国的铁路运输现状，无论是境内铁路运输，还是中欧班列运输，都有很大的提升空间，但如果采取优化措施进一步提高铁路运输的服务质量与效率，降低铁路运输中不必要的成本浪费，那么基于无水港的综合跨境物流网络的效率会进一步提升。针对 Pareto 最优解方案结论中发现的问题和启示，设置了如下两种情景，以分析不同优化策略下综合跨境网络的货流配置与网络效率情况，为政府提升内陆地区综合跨境物流网络效率的扶持政策与行为提供决策方向。

情境 1：当铁路运输成本下调 50%时，即国内铁路运输成本降低为 0.5 $/km，中欧班列跨境铁路运输成本降低为 0.67 $/km 时，所用运输方式成本设置参数如表 6－5 所示。

表 6－5　降低铁路运输成本 50%情境下的各运输方式成本参数　　（单位：$/km）

公路运输	铁路运输		海上运输
	国内段铁路运输	跨境班列运输	
2	0.5	0.67	0.3

需要说明的是，原网络参数中设定铁路运输成本为 1.5 ＄/km，因为考虑了当前我国铁路运输前端和后端衔接不畅等各环节增加的物流成本。例如“门到站”之间的短驳服务及其相关运作成本。而如果不考虑铁路系统流通不畅而带来的成本增加，那么铁路运输成本可以达到 0.5 ＄/km（Lam & Gu, 2016）。这里使国内铁路运输成本降低至 0.5 ＄/km的水平，是可以通过对铁路运输系统的优化、对无水港与铁路运输的高效衔接等途径实现的。因此，情境 1 可以通过政府推进跨境物流系统自身优化的途径实现；也可以是政府对物流系统直接的财政补贴途径实现，当前内陆地区跨境运输系统更多采用的是后者。

求得 63 个 Pareto 最优解，其 Pareto 最优解分布图见图 6-4。表 6-6给出了降低铁路运输成本 50％情境下网络中不同目标要求下的最优货流配置方案。

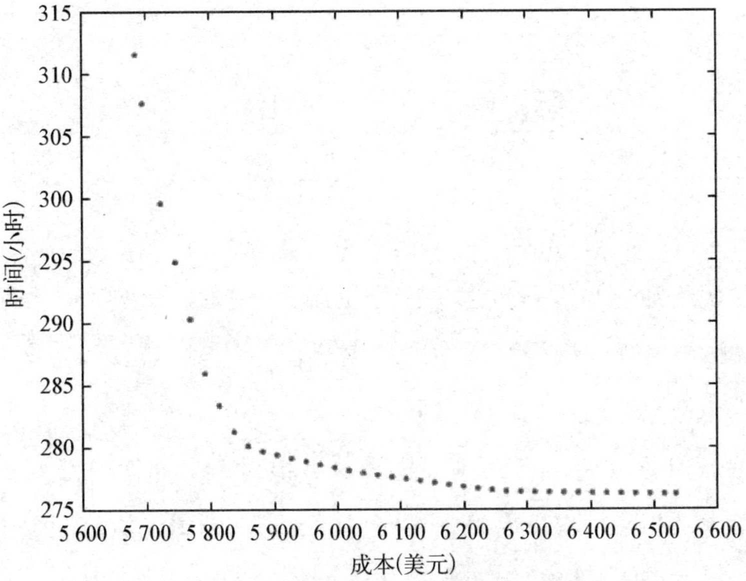

图 6-4　降低铁路运输成本 50％情境下的 Pareto 最优解分布

表 6-6　降低铁路运输成本 50%情境下的各运输方式货流配置

	境内陆上运输		海上跨境运输	中欧班列
	公　路	铁　路	海　运	
最小成本	25%	75%	83%	17%
最小时间	33%	67%	66%	34%
双目标（最小成本松弛 15%）	30%	70%	64%	36%

情境 2：当同时将铁路运输成本、通关成本、换轨成本下降 35%，铁路运输时间下调 20%时，即国内铁路运输成本降低为 0.97 ＄/km，中欧班列跨境铁路运输成本降低为 0.87 ＄/km 时，所用运输方式成本参数设置如表 6-7 所示。

表 6-7　情境 2 下网络各运输方式成本参数

（单位：＄/km）

公路运输	铁　路　运　输		海上运输
	国内段铁路运输	跨境班列运输	
2	0.97	0.87	0.3

需要说明的是，情境 2 可通过各级政府在运作层面上的流程优化、与沿途国家建立更有效的通关合作机制、多条中欧班列的合作协同等行动和措施实现。根据当前中欧班列运输中的现实问题，从这个层面入手改善跨境运输系统将大有可为。

求得 31 个 Pareto 最优解，其 Pareto 最优解分布图见图 6-5。表 6-8给出了相应情境下网络中不同目标要求下的最优货流配置方案。

根据对运营环境情境 1 和情境 2 的调整及结果，可以得出如下结论与政策建议：

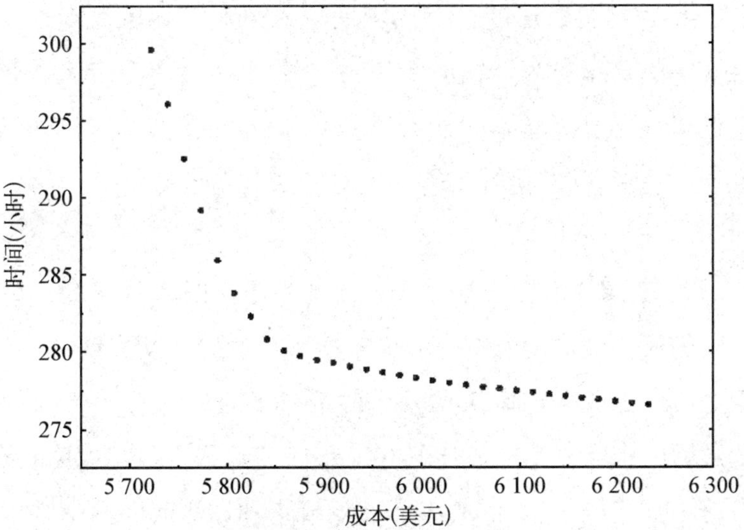

图 6－5　情境 2 下的 Pareto 最优解分布

表 6－8　情境 2 下的各运输方式货流配置

	境内陆上运输		海上跨境运输	中欧班列
	公　路	铁　路	海　运	
最小成本	30%	70%	82%	18%
最小时间	19%	81%	56%	44%
双目标（最小成本松弛 15%）	20%	80%	60%	40%

(一) 在单一最小成本目标追求下，情境 1 和情境 2 分别有 17%和 18%的比例走中欧班列跨境陆运方式

这说明在调整后的海运和跨境陆上运输成本结构下，中欧班列跨境陆运开始对跨境货流产生吸引力。这也与当前内陆地区跨境运输的现实相符合。地方政府为促进中欧班列发展，纷纷采取低价竞争策略，武汉、长沙、郑州等地的中欧班列一度成本补贴到接近海运的价格，基

本有50%的价格补贴幅度，才吸引到了一定比例的中欧班列货流运输。当前现实中的跨境班列运输成本下，相比较海运高出了很多，因此在只考虑最低成本时会选择海运方式。这说明在当前的海运与跨境陆上运输的成本结构下，中欧班列跨境陆运对货流没有吸引力。

（二）当考虑的目标函数由最小成本向最小时间偏移的开始阶段，较低比例的最小成本提升就可以带来较大幅度的时间降低

而之所以在成本降低比例较小的情况下时间能有大幅降低，是因为在此过程中中欧班列运输比例在大幅提高。这进一步说明在调整后的综合跨境物流网络中，同时考虑运输成本和运输时间两个因素时，中欧班列跨境陆运相比传统海运来讲具有了一定的竞争优势。

（三）与原网络相比，两种调整情境下在各种最优货流配置方案中的内陆公路运输比例都降到了30%以内的水平，而铁路提升到70%，甚至是81%的水平，说明无水港在综合跨境系统中的货物集聚能力显著增强，更多的公路货流转移到了铁路运输方式上

说明以上调整策略的实施，可以有效地促进无水港货物集聚、中转功能，有机衔接多种运输方式的枢纽功能的更好发挥，增强内陆地区综合跨境物流网络服务于进出口货物流通的外向型物流能力和效率，是有效地采取措施的方向。

（四）情境2与情景1相比，最优货流配置中铁路运输的比例更高，说明在情境2跨境物流网络中无水港获得了更高利用水平，并由此提升了网络整体的物流效率

而情境2调整效果的出现，与情景1仅采用物流成本补贴的方式

不同。情境 2 中物流成本的调整是从整条跨境物流网络的薄弱环节或者瓶颈环节进行协调优化的结果，在优化业务薄弱环节或者瓶颈环节时，降低了物流成本的同时提高了作业效率，即降低了作业时间。因此，即使物流成本降低的比例比情境 1 采用政府补贴时的低，但是由于作业流程的优化而带来了更短的物流时间消耗，提升了综合跨境物流网络的整体效率。

综合以上说明，通过各种情景下内陆跨境货物运输的货流配置情况，可以看出，无水港连接陆海的枢纽功能的发挥对提升内陆综合跨境物流网络的效率有重要的作用，而通过对无水港衔接的内陆运输通道和境外运输通道的系统优化，可以有效地使无水港吸引货流的物流集聚、物流中转以及集结多种运输方式的功能得到更好发挥，进而形成内陆地区高效畅通的基于无水港的跨境物流网络体系。因此，为了提升内陆地区跨境运输物流功能，就要从这个方面采取政策措施与行动支持。政府可以在推动与协调与沿线国家更通畅的跨境陆运合作机制方面提供政策和行动支持，可以通过建立无水港与多种运输方式更有效的衔接机制上提供政策和行动支持，以提升内陆运输和跨境陆上运输的物流网络效率，实现内陆地区服务于“一带一路”进出口贸易的外向型物流功能的真正发挥，进而推动内陆地区在“一带一路”上外向型经济新高地的建设，有效对接国家“一带一路”倡议。

第七章　结论与展望

第一节　研究结论

本书在分析“一带一路”背景下内陆地区发展跨境物流的必要性和制约因素，分析无水港发展问题、基本特征与功能及其在构建国际物流集疏运体系中的作用基础上，提出对基于无水港的内陆地区参与“一带一路”跨境物流网络的研究，研究了“一带一路”背景下基于无水港的跨境物流网络特征、结构与优化问题，为内陆地区构建高效畅通的对接“一带一路”的跨境物流网络，提供了较为完整的决策方案。

一、无水港口岸延伸功能与跨境物流网络复杂性

根据无水港具有的口岸延伸功能特征，提出内陆地区形成的两种跨境物流网络：以无水港为起点的陆上跨境通道（中欧班列）和基于无水港与海港定向合作的海上跨境物流网络，对其现状与特征进行了研究与分析。在此基础上，以内陆地区（以省为单位节点）辖域内无水港与沿海港口建立的定向合作关系为视角，建立了将我国内陆地区连接到“21 世纪海上丝绸之路”的广义海运物流网络，并用复杂网络理论对广义“21 世

纪海上丝绸之路”海运物流网络的复杂性进行了分析，在此基础上研究了具有复杂结构特征的广义“21 世纪海上丝绸之路”海运物流网络中各内陆省的外向型物流连通性。根据网络特征，构建了基于复杂网络理论和方法的内陆地区节点外向型物流连通性指标体系。基于度中心性(Degree Centrality, DC)、影响修复性(Susceptible-Infected-Recovered, SIR)、接近中心性(Closeness Centrality, CC)指标等就节点在网络中的重要性和可达性进行了分析。另外，考虑到影响内陆地区与沿海港口可达性的各种因素，如距离、物流成本、运输方式、物流补贴政策等，结合接近中心性指标与物流引力模型提出了一种“改进的接近中心性”(Improved Closeness Centrality)新指标，用于内陆节点相对可达性的评价。据此指标体系，对我国 15 个内陆省与 127 个港口构成的广义“21 世纪海上丝绸之路”海运物流网络中的外向型物流连通性特征进行了分析与原因探究，并对基于无水港提升内陆省的外向型物流连通性的优化策略与政策建议进行了挖掘和总结。

研究发现，基于辖域内无水港与沿海港口的定向合作，可以实现内陆地区与“一带一路”物流网络的对接，实现内陆地区对广义“21 世纪海上丝绸之路”海运物流网络沿线港口的连通，实现内陆地区的外向型物流功能，但目前能力还比较弱，有较大提升空间。同时发现，内陆地区要通过无水港与海港合作提升外向型物流连通性，就要尝试与更多的海港建立合作关系，与在网络中具有比当前邻接港口更高连通性的港口建立合作关系，同时要考虑双方发展需求、距离、交通通道便利情况、海港对无水港的支持政策等现实因素，选择合适的港口建立互惠互利的双赢合作机制，为内陆地方政府提升在“21 世纪海上丝绸之路”海运物流网络中的地位和作用提供了决策策略。

二、基于无水港的物流网络结构

由第三章研究可知，无水港可以实现内陆地区与“一带一路”物流网络的对接，实现内陆地区的外向型物流功能，但目前能力还比较弱，没有形成结构合理、高效便捷的跨境物流网络体系。针对这一问题，本书在现有无水港资源基础上提出了一个两阶段物流引力模型，设计出将内陆地区通过无水港的辐射与枢纽作用连接到沿海港口与延边口岸，进而对接到“一带一路”的轴辐式跨境物流网络。首先，应用主成分分析研究了内陆地区现有无水港的物流质量，在此基础上应用基础物流引力模型确定了无水港对内陆地区（以地级市为单位节点）的辐射关系，并确定出候选枢纽无水港。其次，考虑外部环境和政策对无水港、海港、延边口岸之间物流引力关系的影响，基于有序加权平均（OWA）算子的多属性决策方法提出了一个新的“物流引力影响系数”，在此基础上提出了一种改进的物流引力模型，并设计了 3 种物流节点连接机制，对各类港口节点（例如，无水港、海港和内陆口岸）的连接关系进行了分析。基于 3 种连接机制，以我国辖域内具有无水港布局的所有内陆省为研究范围，构建了 17 个内陆省的 196 个地级市与分布在其内的 39 个无水港及其 13 个沿海港口、5 个延边口岸组成的轴辐式物流网络。在对网络结构设计与分析基础上为内陆地方政府对无水港的定位、无水港与海港或延边口岸合作，以进一步提升内陆地区在“一带一路”跨境网络中的枢纽与核心地位提出了决策支持与建议。

三、基于无水港的跨境物流组织与优化

将第三章提出的内陆地区基于无水港的两种跨境物流网络，即以无水港为起点的跨境陆运通道（中欧班列）和基于无水港与海港定向合

作形成的跨境海运网络，用无水港向西连通“丝绸之路经济带”和向东连接“21世纪海上丝绸之路”的枢纽功能对接，形成内陆地区参与“一带一路”的综合跨境物流网络。以物流集成商在既有网络中的货物组织与优化为研究视角，在综合考虑货物跨境运输成本、时间及其他相关要求基础上，在现有网络资源与条件的约束下，构建了货物集成运输组织与优化配置的双目标混合整数规划模型，针对模型特点设计了基于适应性权重遗传算法的模型求解算法，研究与分析了在现有网络中的最优货流配置方案及其映射出的网络问题，针对问题进一步讨论了不同网络条件情境下集成商对内陆跨境货物集成运输的最优配置方案，以期通过集成商在现有网络上对货物的最优组织与配置，实现内陆地区国际贸易货物在跨境物流网络中的高效流通，以高效的运作水平提升内陆地区外向型物流功能，并通过不同情境下物流集成商的最优货流配置方案反映出的问题与启示，为地方政府推动内陆地区跨境物流网络功能与效率的真正发挥，提供政策决策与行动支持方向。

第二节　研究展望

以内陆地区为核心的跨境物流网络的研究目前还比较少，本书以无水港的口岸延伸功能和多种运输方式集结功能为切入点，构建内陆地区跨境物流网络的研究，是新的研究视角，对网络连通性特征、网络设计规划和网络中的货物组织与配置的研究，为内陆地区构建畅通高效的跨境物流网络，提供了战略规划和战术规划两个层面的决策参考。但是，由于构建跨境物流网络，真正实现内陆地区的外向型物流功能，破除国际物流对内陆地区外向型经济与贸易发展的阻碍，是一项长期系统工程，包含大量值得进一步深入研究的复杂问题。延续本书已开展的研究，准备从以下几个方面开展下一步的研究：

一、对基于无水港的跨境陆上运输通道的协调与合作机制进行研究

本书对目前内陆地区以无水港为起点的跨境陆运通道，即中欧班列的研究发现，当前的内陆地区跨境陆上运输通道呈现“成线不成网”的彼此孤立与恶性竞争的状态，造成大量物流资源的浪费。因此，研究如何实现跨境陆上运输通道的协调与合作，建立有效的合作与竞争机制，研究腹地、基础网络、其他物流资源的协调共享与合理调度，进而实现跨境陆上运输网络体系的构建，推动内陆地区跨境运输的连通性与效率十分必要。

二、对不同政策情境下的内陆地区跨境物流网络的演化研究

无水港作为内地地方政府推动对外开放的重要抓手，具有十分鲜明的政府行为特征。地方政府的相关政策对无水港布局与发展具有重要的影响，不同的政策会影响网络中相关利益主体的行为，影响无水港与其他物流节点的关系，影响无水港参与的物流网络的结构与功能，形成物流网络的演化。根据本书的研究，基于无水港的内陆地区参与的“一带一路”跨境物流网络是复杂网络，不同决策情境下的跨境物流网络的演化具有复杂性，而不同决策情境下的网络演化研究对政府决策有重要参考作用，从理论与应用上都值得深入研究。

三、基于无水港的内陆地区跨境物流网络中的多式联运组织与调度研究

由于无水港具有多种运输方式的集结功能，其突出作用之一就是

推动国际多式联运的发展。研究在基于无水港构建的跨境物流网络中的多式联运协调与调度问题，真正实现无水港对多种运输方式的高效集结，提升跨境物流网络的运输效率，值得深入研究。

综上所述，利用无水港发展内陆地区跨境物流网络在战略规划层、战术规划层、操作管理层等，都有很多问题值得深入探讨。

参考文献

一、中文部分

[1] 常征.基于环境约束和货主效用的内陆港选址问题研究[D].大连：大连海事大学，2013.

[2] 常征，吕靖.支持向量机在无水港投资风险评价中的应用[J].大连海事大学学报，2012，38(2)：48－50.

[3] 陈菊红，黄鹏.基于 Fuzzy－ANP 的国际陆港竞争力评价[J].系统工程，2011(12)：88－95.

[4] 丁一，刘朝德，林国龙.基于沿海梢带的轴辐式海运网络优化模型[J].中国管理科学，2015(1)：830－835.

[5] 董靖巍.基于复杂网络的网络舆情动态演进影响机制研究[D].哈尔滨：哈尔滨工业大学，2016.

[6] 冯社苗.基于物流海拔理论的枢纽陆港布局研究[J].北京交通大学学报(社会科学版)，2011(1)：23－28.

[7] 封学军，王伟，张艳.区域海港群-无水港系统布局优化模型及其算法[J].河海大学学报(自然科学版)，2013，41(6)：526－530.

[8] 李练军，黄志峰，张琳.我国外向型经济发展水平聚类分析及比较[J].江苏商论，2007(3)：70－72.

[9] 李振福，李贺，徐梦俏，史砚磊.世界海运网络可达性对比研究[J].

大连海事大学学报，2014，40(1)：101－104.
[10] 黎鹏，张洪波.论港口-腹地经济地域系统的客观存在性及其形成发展的主要影响因素[J].长春师范学院学报，2004，23(4)：79－83.
[11] 梁承姬，嘉颎熤，徐德洪，鲁渤.两种模型在内陆无水港选址中的综合应用[J].重庆交通大学学报(自然科学版)，2016(1)：177－183.
[12] 胡青蜜，胡志华.考虑运输成本与时间竞争的轴辐式网络设计问题[J].华中师范大学学报(自科版)，2015，49(2)：314－321.
[13] 柳思思.一带一路——跨境次区域合作理论研究的新进路[J].南亚研究，2014(2)：1－11.
[14] 刘荷，王健.基于轴辐理论的区域物流网络构建及实证研究[J].经济地理，2014(2)：108－113.
[15] 王佩佩，王哲，黄佛君，代燕.丝绸之路经济带下新疆通道轴辐式物流网络构建[J].经济地理，2016(2)：125－130.
[16] 魏海蕊，盛昭瀚.我国内陆省份参与海上丝绸之路的外向型特征与优化策略——基于无水港海港定向合作视角[J].国际贸易问题，2017(5)：91－102.
[17] 吴俊，谭跃进.复杂网络抗毁性测度研究[J].系统工程学，2005(2)：128－131.
[18] 席平.内陆地区建设国际陆港的思考[J].综合运输，2007(2)：39－41.
[19] 谢守红.中国城市外向型经济发展研究[J].经济经纬，2008(2)：68－70.
[20] 谢京辞，张雅丽.青岛和日照港物流空间相互作用研究[J].经济问题探索，2014(9)：186－190.

[21] 许英明.“一带一路”战略视角下中欧班列发展路径探讨[J].西南金融,2015(10):70-73.

[22] 徐军,罗嵩龄.公路网连通性研究[J].中国公路学报,2000,13(1):95-97.

[23] 玄光男,林林.网络模型与多目标遗传算法[M].梁承姬,于歆杰,译.北京:清华大学出版社,2017.

[24] 杨家其.基于模糊综合评判的现代港口腹地划分引力模型[J].交通运输工程学报,2002(2):123-126.

[25] 杨静蕾,李蕊.国际无水港建设经验及其启示[J].中国海洋大学学报(社会科学版),2010(3):40-43.

[26] 曾庆成,腾藤.海上丝绸之路航线网络的复杂性分析[J].中国航海,2015,38(2):122-125.

[27] 张世翔,霍佳震.基于轴辐式网络模型的长三角地区城市群物流配送体系规划研究[J].管理学报,2005(2):194-199.

二、英文部分

[1] Antoine F.. Global maritime networks: the case of Maersk. Journal of transport geography, 2007, 15(6): 431-442.

[2] Ambrosino D., SciomachenA.. Location of Mid-range Dry Ports in Multimodal Logistic Networks. Procedia-Social and Behavioral Sciences, 2014, 108: 118-128.

[3] Asariotis R., Benamara H., Finkenbrink H., et al.. Review of Maritime Transport, 2011. Review of Maritime Transport, 2011, 13(4): 251-257.

[4] Balassa B.. Towards A Theory of Economic Integration. International

Review for Social Sciences, 1961, 2: 1 - 17.

[5] Banomyoung, R., Cook P., and Kent P.. Formulating regional logistics development policy: the case of ASEAN. International Journal of Logistics: Research and Applications, 2008, 11(5): 359 - 379.

[6] Barabasi A. L., and ALBERT R.. Emergence of Scaling in Random Networks. Science, 1999, 286: 509 - 512.

[7] Bask A., Roso V., Andersson D., and Hämäläinen E.. Development of seaport-dry port dyads: two cases from Northern Europe. Journal of Transport Geography, 2014, 39: 85 - 95.

[8] Behar A., Manners P., Nelson B. D.. Exports and International Logistics. Oxford Bulletin of Economics & Statistics, 2013, 75 (6): 855 - 886.

[9] Bensassi S., Márquez-Ramos L., Martínez-Zarzoso I., and Suárez-Burguet C.. Relationship between logistics infrastructure and trade: Evidence from Spanish regional exports. Transportation Research Part A Policy & Practice, 2015, 72(72): 47 - 61.

[10] Beresford A. K. C. and Dubey R. C.. Handbook on the Management and Operation of Dry Ports, UNCTAD, Geneva. 1990.

[11] Beresford A., Pettit S., Xu Q., and Williams S.. A study of dry port development in China. Maritime Economics & Logistics, 2012, 14: 73 - 98.

[12] Boccaletti S., Latora V., Moreno Y. et al. Complex Networks Structure and Dynamics. Phys Rep, 2006, 424: 175 - 308.

[13] Brunilde S., and Francois S.. Communication & Transportation

network reliability using routing models. IEEE Transactions on Reliability, 1991, 40(1): 29 - 38.

[14] Chang Z., Lu J., Qi Z.. Location Analysis for Dry Ports Based on FCM. Applied Mechanics & Materials, 2011, 97 - 98: 1022 - 1026.

[15] Chen D., Lu L., Shang M. -S., Zhang Y. -C., and Zhou T.. Identifying influential nodes in complex networks. Physica A, 2012, 391: 1777 - 1787.

[16] Clausen C., Wecher H.. Color image compression using pca and backprooagation learning. Pattern recognition, 2000, 33(9): 1555 - 1560.

[17] Crainic T. G., Dell'Olmo P., Ricciardi N., and Sgalambro A.. Modeling dry-port-based freight distribution planning. Transportation Research Part C, 2015, 55: 518 - 534.

[18] Cullinane K., Bergqvist R., Wilmsmeier G.. The dry portre — Theory and practice. Maritime Economics & Logistics, 2012, 14 (1): 1 - 13.

[19] Cullinane K., Wilmsmeier G.. The Contribution of the Dry Port Concept to the Extension of Port Life Cycles. New York: Handbook of Terminal Planning, 2011: 104 - 115.

[20] Diestel R.. Graph Theory, Electronic Edition, 2005: 12.

[21] Do, N. H., Nam K. C., and LE Q. L.. A consideration for developing a dry port system in Indochina area. Maritime Policy & Management, 2011, 38(1): 1 - 9.

[22] DoJing K.. An analysis of the behavior of a class of genetic adaptive systems: [PhD Dissertation]. Department of Computer

and Communication Sciences, University of Michigan, Ann Arbor, 1975.

[23] Ducruet, C., Lee, S. W., and Ng, A. K.. Centrality and vulnerability in liner shipping networks: revisiting the Northeast Asian port hierarchy. Maritime Policy & Management, 2010, 37 (1): 17 - 36.

[24] Ducruet C., and Lugo I.. Structure and dynamics of transportation networks: models, concepts, and applications. In: Rodrigue, J. P., Notteboom, T. E., Shaw, J. (Eds.), The SAGE Handbook of Transport Studies. SAGE Publications, 2013: 347 - 364.

[25] European Commission. European Transport Policy for 2010: Time to decide, White paper, Office for official publications of the European Communities, Luxemburg, 2001.

[26] Farole T.. Competitiveness and Connectivity: Integrating Lagging Regions in Global Markets. World Bank Other Operational Studies, 2012: 1 - 5.

[27] Feng X. J., Zhang Y., Li Y. W., and Wang W.. A location-allocation model for seaport-dry port system optimization. Discrete Dynamics in Nature and Society, 2013(4): 1 - 8.

[28] Ferrari, C., Parola, F., Gattorna, E.. Measuring the quality of port hinterland accessibility: the Ligurian case. Transp. Policy, 2011, 18(2): 382 - 391.

[29] Flämig H., Hesse M. Placing dryports. Port regionalization as a planning challenge. The case of Hamburg, Germany, and the Süderelbe. Research in Transportation Economics, 2011, 33:

42 - 50.

[30] Freeman L. C.. Centrality in social networks conceptual clarification. Social Networks, 1979, 1(3): 215 - 239.

[31] Fugazza, M., and Hoffmann J.. Liner shipping connectivity as determinant of trade. Journal of Shipping and Trade, 2017, 2(1): 1 - 18.

[32] Gen M. and Cheng R.. Genetic Algorithms and Engineering Optimization, New York: John Wiley & Sons, 2000.

[33] Goh C. H., Tung Y. C. A., and Cheng C. H.. A revised weighted sum decision model for robot selection. Computers & Industrial Engineering, 1966, 30 (2): 193 - 199.

[34] Gooley T. B.. How freight gateways put it all together. Logistics Management, 1997.

[35] Gooley T. B.. The geography of logistics. Logistics Management and Distribution report, 1998.

[36] Grange L. D., Fernández E., Cea J. D.. A consolidated model of trip distribution. Transportation Research Part E Logistics & Transportation Review, 2010, 46(1): 61 - 75.

[37] Hanaoka S., Regmi M. B.. Promoting intermodal freight transport through the development of dry ports in Asia: An environmental perspective. IATSS Research, 2011, 35(1): 16 - 23.

[38] Hanappe P.. Plates-formes logistique, centres de logistigue, ports secs.. Recherche Transports Sécurité, 1986, 12.

[39] Hansen W. G.. How Accessibility Shapes Land-use. Journal of the American Institute of Planners, 1959, 25: 73 - 76.

[40] Hansen P., Oguz, C., and Mladenevic N.. Variable neighborhood search for minimum cost berth allocation. Eur. J. Oper. Res, 2008, 191(3): 636 - 649.

[41] Haralambides H., Gujar G.. The Indian dry ports sector, pricing policies and opportunities for public-private partnerships. Research in Transportation Economics, 2011, 33: 51 - 58.

[42] Harder F. R.. MPOs and railroad intermodal terminals: Successful development strategies. Transportation Quarterly, 1999, 53: 31 - 44.

[43] Helena, H. B.. Modified method of gravity model application for transatlantic air transportation. Neural Network World, 2015, 25 (2): 203 - 217.

[44] Henttu V., and Hilmola O. P.. Financial and environmental impacts of hypothetical Finnish dry port structure. Research in Transportation Economics, 2011, 33(1): 35 - 41.

[45] Hoffmann J.. Liner shipping connectivity. UNCTAD Transp. Newslett, 2005, 27 (1): 4 - 12.

[46] Hou, Q., S. Li.. Transport infrastructure development and changing spatial accessibility in the Greater Pearl River Delta, China, 1990 - 2020. Journal of Transport Geography, 2011, 19: 1350 - 1360.

[47] Hu Q. -M.. A reconfiguration optimisation model for hub-and-spoke network mergers. European Journal of Industrial Engineering, 2017, 11.

[48] Hu H., Li Y.. Research on Routing Optimization of Regional Logistics Based on Gravity Model: A Case of Blue and Yellow

Zones.. Ibusiness, 2013, 5(4): 167 - 172.

[49] Hu Z-h.. Heuristics for solving continuous berth allocation problem considering periodic balancing utilization of cranes. Computers & Industrial Engineering. 2015, 85: 216 - 226.

[50] Iida Y., and Wakabayashi H.. An Approximation Method of Terminal Reliability of Road Network Using Partial Minimal Path and Cut Sets. In Proceedings of the Fifth World Conference on Transportation Research Society (WCTRS), Yokohama, 1989: 367 - 380.

[51] Ji M. -J., Chu Y. -L.. Optimization for Hub-and-Spoke Port Logistics Network of Dynamic Hinterland. Physics Procedia, 2012, 33: 827 - 832.

[52] Ji M., and He M.. Optimization of Two-Stage Port Logistics Network of Dynamic Hinterland Based on Bi-level Programming Model. Journal of Transportation Systems Engineering and Information Technology, 2010, 10(6): 89 - 94.

[53] Jiang J., Lee L. H., Chew E. P., and Gan C. C.. Port connectivity study: an analysis framework from a global container liner shipping network perspective. Transportation Research Part E, 2015, 73: 47 - 64.

[54] Jolliffe I.. Principal compoment analysis. Wiley online Libray, 2005.

[55] Jung W. S., Wang F., and Stanley H. E.. Gravity model in the Korean highway. EPL-Euro Physics Letters, 2008, 81(4): 4805 - 4820.

[56] Kasaei M., and Salman F. S.. Arc routing problems to restore

connectivity of a road network. Transportation Research Part E, 2016, 95: 177 - 206.

[57] Kim, K. H., Moon, K. C.. Berth scheduling by simulated annealing. Transp. Res. B, 2003, 37: 541 - 569.

[58] Kunaka C.. Logistics in Lagging Regions: Overcoming Local Barriers to Global Connectivity. World Bank Publications, 2011.

[59] Lam J. S. L., and Gu Y.. A market-oriented approach for intermodal network optimization meeting cost, time and environmental requirements. International Journal of Production Economics. 2016, 171(2): 266 - 274.

[60] Lam, J. S. L., and Yap W. Y.. Dynamics of liner shipping network and port connectivity in supply chain systems: analysis on east Asia. Journal of Transport Geography, 2011, 19(6): 1272 - 1281.

[61] Lättilä L., Henttu V., Hilmola O. P.. Hinterland operations of sea ports do matter: Dry port usage effects on transportation costs and CO_2 emissions. Transportation Research Part E: Logistics and Transportation Review, 2013, 55: 23 - 42.

[62] Lee P. T-W, Lun Y. H. V., Lai K. H., and Cheng T. C. E.. Maritime logistics and port connectivity in the globalised economy. Transportation Research Part E, 2016, 95: 323 - 325.

[63] Leitner S. J., Harrison R.. The Identification and Classification of Inland ports. Inland Water Transportation, 2001.

[64] Leveque P.. and Roso V.. Dry Port concept for seaport inland access with intermodal solutions: [Masters thesis]. Department

of logistics and transportation, Chalmers University of Technology. 2002.

[65] Li Y. H., Dong Q. L., and Sun S. W.. Dry port development in China: current status and future strategic directions.” Journal of Coastal Research, 2015, 73: 641-646.

[66] Low, J. M. W., Lam S. W., and Tang L. C.. Assessment of hub status among Asian ports from a network perspective. Transportation Research Part A, 2009, 3 (6): 593-606.

[67] Lu C. -S., and Lin C. -C.. Assessment of National Logistics Competence in Taiwan, Vietnam, and Malaysia. The Asian Journal of Shipping and Logisitcs, 2012, 28(2): 255-274.

[68] Lu C. -S., Shang K. -C., and Lin C. -C.. Examining sustainability performance at ports: port managers' perspectives on developing sustainable supply chains. Maritime Policy & Management, 2016, 43(8): 909-927.

[69] Luisa, A. S., Laura M. -R., and Celestino S. -B.. Trade and transport connectivity: a spatial approach. Applied Economics, 2013, 45: 2563-2566.

[70] Mansour R., Ardavan A. V., and Robert H.. An Inland Port Location-Allocation Model for a Regional Intermodal Goods Movement System. Maritime Economics & Logistics, 2008, 10: 362-379.

[71] Marcelo D.. Freight flows, logistics costs and efficiency: optimal path analysis. https://www.researchgate.net/publication/304787424_Freight_flows_logistics_costs_and_efficiency_optimal_

path_analysis. 2012.

[72] Márquez-Ramos L., Martınez-Zarzoso I., Perez-Garcıa E. and Wilmsmeier G.. Special issue on Latin-American research maritime networks, services structure and maritime trade. Networks and Spatial Economics, 2011, 11: 555 - 76.

[73] Márquez-Ramos L., Martínez-Zarzoso I., Pérez-Garcia E., and Wilmsmeier G.. Determinants of maritime transport costs. Importance of connectivity measures. In: International Trade and Logistics, Corporate Strategies and the Global Economy Congress Proceedings, Le Havre, September, 2005.

[74] Martínez-Zarzoso I., García-Menéndez L., Suárez-Burguet C.. Impact of transport costs on international trade: the case of Spanish ceramic exports. Marit. Econ. Logist, 2003, 5(2): 179 - 198.

[75] May R. M., and Lloyd A. L.. Infection Dynamics on Scale-Free Network. Phys Rev: E, 2001, 64.

[76] Meisel F., and Bierwirth C.. A Framework for Integrated Berth Allocation and Crane Operations Planning in Seaport Container Terminals. Transportation Science, 2013, 47(2): 131 - 147.

[77] Mine H., Kawai H.. Mathematics for Reliability Analysis. Tokyo: Asakura-shoten, 1982.

[78] Mondragon A. E. C., Lalwani C. S., Mondragon E. S. C., et al.. Facilitating multimodal logistics and enabling information systems connectivity through wireless vehicular networks. International Journal of Production Economics, 2009, 122(1):

229 - 240.

[79] Monios J., and Wilmsmeier G.. Port-centric logistics, dry ports and offshore logistics hubs: strategies to overcome double peripherality?. Maritime Policy & Management 2012, 39(2): 207 - 226.

[80] Moore C., and Newman M. E. J., Epidemics and Percolation in Small-World Networks. Phys Rev E, 2000, 61: 5678 - 5682.

[81] Munford C.. Buenos Aires-congestion and the dry port solution. Cargo Systems International: The Journal of ICHCA, 1980, 7(10): 26 - 27.

[82] Ng, A. K., Padilha F., and Pallis A. A.. Institutions, bureaucratic and logistical roles of dry ports: the Brazilian experiences. Journal of Transport Geography 2013, 27(33): 46 - 55.

[83] Nguyen L. C., Notteboom T.. A Multi-Criteria Approach to Dry Port Location in Developing Economies with Application to Vietnam. The Asian Journal of Shipping and Logistics, 2016, 32(1): 023 - 032.

[84] Nishimura E., Imai A., Janssens G. K., and Papadimitriou S.. Container storage and transshipment marine terminals. Transp. Res. Part E, 2009, 45: 771 - 786.

[85] Notteboom T.. Why do we need dry ports? Some experiences from Europe. Special Session of the International Forum on Shipping, Ports and Airports (IFSPA), Hong Kong, China, May, 2009.

[86] Notteboom T., and Rodrigue J. P.. Dry ports and the maritime

hinterland: gaining momentum. Port Technology International, 2011, 50: 21-24.

[87] Notteboom T. and Rodrigues J.. Port regionalization: Toward a new phase in port development. Maritime Policy and Management, 2005, 32: 297-313.

[88] Notteboom T., and Winkelmans W.. Spatial (De) Concentration of Container Flows: The Development of Load Center Ports and Inland Hubs in Europe, World Conference on Transport Research, 8th, 1998, Antwerp, Belgium. 1999.

[89] Odchimar A., Hanaoka S.. Intermodal freight network incorporating hub-and-spoke and direct calls for the archipelagic Philippines. Maritime Economics & Logistics, 2017, 19.

[90] Pan Y. R., and Deng W.. Calculation connectivity reliability of road networks based on recursive decomposition arithmetic. Journal of east University (English Editon), 2008, 24(1): 85-89.

[91] Park Y. M., Kim K. H.. A scheduling method for berth and quay cranes. OR, 2003, 25: 1-23.

[92] Poyhonen P.. A Tentative Model for the Volume of Trade between Countries. Weltwirtschaftliches Archiv, 1963, 90: 93-100.

[93] Qiu X., Lam J. S. L., Huang G. Q.. A bilevel storage pricing model for outbound containers in a dry port system. Transportation Research Part E, 2005, 73: 65-83.

[94] Reilly W. J.. Methods for the Study of Retail Relationships.

Methods for the study of retail relationships. University of Texas, 1929.

[95] Sheu, J. B.. Locating manufacturing and distribution centers: An integrated supply chain-based spatial interaction approach." Transportation Research Part E, 2003, 39(5): 381 - 397.

[96] Stouffer S. A.. Intervening Opportunities: A Theory Relating Mobility and Distance. American Sociological Review, 1940, 5 (6): 845 - 867.

[97] Rahimi M. Aradavan A. -V., and Harrison R.. An Inland Port Location-Allocation Model for a Regional Intermodal Goods Movement System. Maritime Economics & Logistics, 2008, 10: 362 - 379.

[98] Reinhardt L. B., Plum C. E. M., Pisinger D., Sigurd M. M., Vial G. T. P.. The liner shipping berth scheduling problem with transit times. Transportation Research Part E: Logistics & Transpaotation Review, 2016, 86: 116 - 128.

[99] Robinson R.. Ports as elements in value-driven chain systems: the new paradigm. Maritime Policy and Management, 2002, 29 (3): 241 - 255.

[100] Rodrigue J. P., and Debrie J., Fremont A., et al. Functions and actors of inland ports: European and North American dynamics. Journal of transport geography, 2010, 18(4): 519 - 529.

[101] Rodrigue J. P., and Notteboom T.. Dry ports in European and North American intermodal rail systems: Two of a kind? Research in Transportation Business & Management, 2012, 5

(5): 4-15.

[102] Roso, V. Factors influencing implementation of a dry port, International Journal of Physical Distribution and Logistics Management, 2008, 38(10): 782-798.

[103] Roso V.. Evaluation of the dry port concept from an environmental perspective. Transportation Research Part D, 2007, 12 (7): 523-527.

[104] Roso V.. The Dry Port Concept — Application in Sweden. Logistics Research Network, 2005.

[105] Roso V., and Lumsden K.. The dry port concept — Moving seaport activities inland?. Transport and Communications Bulletin for Asia and the Pacific — UNESCAP, 2009.

[106] Roso V., Lumsden K.. A review of dry ports. Maritime Economics & Logistics, 2010, 12(2): 196-213.

[107] Roso V., Woxenius J., and Lumsden K.. The dry port concept: connecting container seaports with the hinterland. Journal of Transport Geography, 2009, 17(5): 338-345.

[108] Rudolph G.. Convergence Properties of Canonicacl Genetic Algorithms. IEEE Transactions on Neural Networks, 1994, 1: 96-10.

[109] Sabidussi G.. The centrality index of a graph. Psychometrika, 1966, 31(4): 581-603.

[110] Samir A. N., Nicoletta G. C., and Alberto C. O.. Application of a Model based on the Use of DELPHI Methodology and Multicriteria Analysis for the Assessment of the Quality of the

Spanish Dry Ports Location. Procedia-Social and Behavioral Sciences，2014，162：42－50.

[111] Samir A. N.，Nicoletta G. C.，and Francisco S. F.. How should the sustainability of the location of dry ports be measured? A proposed methodology using Bayesian networks and multi-criteria decision analysis. Transport，2015，30(3)：312－319.

[112] Sharma L. N.，Dandapat S.，and Mahanta A.. Multichannel ecg data compression based on mutiscale principal component analysis. IEEE Transactions on Information Techonoly in Biomedicine，2012，16(4)：30－736.

[113] Slack B.. Satellite terminals：a local solution to hub congestion?. Journal of Transport Geography，1999，7：241－246.

[114] Swink M.，Nair A.，and Closs D. J.. The role of information connectivity in making flexible logistics programs successful. International Journal of Physical Distribution & Logistics Management，2005，35(4)：258－277.

[115] Tang L. C.，Low J. M. W.，and Lam S. W.. Understanding port choice behavior — a network perspective. Networks and Spatial Economics，2011，11：65－82.

[116] Tenrini R. H.，Sofia Damayanty A.. Fiscal Policy to Create Connectivity for National Logistic System and its Economic Impact. International Journal on Advanced Science Engineering Information Technology，2014，4 (5)：31－37.

[117] Tinbergen. J.. Shaping the World Economy：Suggestions for an International Policy. Kraus Reprint and Periodicals，Millwood，

1962.

[118] Tsilingris P., S. and Laguardia C., T. Dry vis-à-vis water ports: partners or competitors? The case of Spain. paper presented at 1st International Scientific Conference: Competitiveness and Complementarity of Transport Modes — Perspectives for the Development of Intermodal Transport University of the Aegean, Chios, Greece, 10 - 12 May, 2007.

[119] Türkoğullari Y. B., Taşkin Z. C., Aras N., et al.. Optimal berth allocation, time-variant quay crane assignment and scheduling with crane setups in container terminals. European Journal of Operational Research, 2016, 254(3): 985 - 1001.

[120] UNCTAD [United Nations Conference on Trade and Development] (Ed.), Multimodal Transport and Containerisation (TD/B/C. 4/238/Supplement 1, Part Five: Container and Depots), Geneva, 1982.

[121] UNCTAD (United Nations Conference on Trade and Development). Handbook on the Management and Operation of Dry Ports, Geneva, 1991.

[122] Venturini G. Iris C., Kontovas C. A., and Larsen A.. The multi-port berth allocation problem with speed optimization and emission considerations. Transportation Research Part D Transport & Environment, 2017, 54: 142 - 159.

[123] Veenstra A., Zuidwijk R., Asperen E. V.. The extended gate concept for container terminals: Expanding the notion of dry ports. Maritime Economics & Logistics, 2012, 14(1): 14 - 32.

[124] WANG C.. Optimization of hub-and-spoke two-stage logistics network in regional port cluster. Systems Engineering-Theory & Practice Online, 2008, 28(9): 152 - 158.

[125] Wang Y., and Cullinane K.. Determinants of port centrality in maritime container transportation. Transportation Research Part E, 2016, 95: 326 - 340.

[126] Wang Y., and Cullinane K.. Measuring container port accessibility: an application of the principal eigenvector method (PEM). Maritime Economics & Logistics, 2008, 10(1): 75 - 89.

[127] Wang H. -Y. and Nguyen S.. Prioritizing mechanism of low carbon shipping measures using a combination of FQFD and FTOPSIS, Maritime Policy & Management, 2017, 44 (2): 187 - 207.

[128] Wang C., Liu Z., Qing Q., et al. Design of Aviation Logistics Network for GZARFCAFTA Based on the Gravity Model. Iita International Conference on Services Science, Management and Engineering. IEEE, 2009: 352 - 357.

[129] Wang G. W. Y., Zeng Q., Li K., Yang J.. Port connectivity in a logistic network: The case of Bohai Bay, China. Transportation Research Part E, 2016, 95: 341 - 354.

[130] Watts D. J., and Strogatz S. H.. Collective Dynamics of Small World Networks. Nature, 1998, 393: 440 - 442.

[131] Wei H., Dong M., Sun S.. Inoperability Input-Output Modeling (IIM) of Disruptions to Supply Chain Networks. INCOSE International Journal of Systems Engineering. 2010, 13 (4):

324 - 339.

[132] Wei H., Dong M. Import-export freight organization and optimization in the dry-port-based cross-border logistics network under the Belt and Road Initiative, Computers & Industrial Engineering, 2019, 130: 472 - 484.

[133] Wei H., Sheng Z., Lee, P. T. -W. The role of dry port in hub-and-spoke network under Belt and Road Initiative. Maritime Policy & Management, 2018, 45(3): 370 - 387.

[134] Wei H., Sheng Z. Logistics Connectivity Considering Import and Export for Chinese Inland Regions in the 21st Century Maritime Silk Road by Dry Ports. Maritime Policy & Management, 2018, 45(1): 53 - 70.

[135] Wei H., Sheng Z. Dry Ports-Seaports Sustainable Logistics Network Optimization: Considering the Environment Constraints and the Concession Cooperation Relationships. Polish Maritime Research, 2017, 24(s3).

[136] Wilmsmeier G., Hoffmann J., and Sanchez R. J.. The impact of port characteristics on international maritime transport costs. Res. Transp. Econ, 2006, 16(1): 117 - 140.

[137] Wilmsmeier G., and Hoffmann J.. Liner shipping connectivity and port infrastructure as determinants of freight rates in the Caribbean. Marit. Econ. Logist, 2008, 10(1 - 2): 130 - 151.

[138] Wilson J. S., Mann C. L., Otsuki T.. Assessing the benefits of trade facilitation: a global perspective. World Econ, 2005, 28 (6): 841 - 871.

[139] Woxenius J. and Bergqvist R.. Comparing maritime containers and semi-trailers in the context of hinterland transport by rail. Journal of Transport Geography, 2011, 19(4): 680 - 688.

[140] Wu S. H., Li K. X., Shi W. M., and Yang Z. Z.. Influence of local government on port investment: implications of China's decentralized port governance system. Maritime Policy & Management, 2016, 43(7): 777 - 797.

[141] Xiao H.. Methods to Determine Logistics Distribution Center Location. International Conference on Management and Service Science. IEEE, 2011: 1 - 3.

[142] Xu, M., Li Z., Shi Y., Zhang X., and Jiang S.. Evolution of regional inequality in the global shipping network. Journal of Transport Geography, 2015, 44: 1 - 12.

[143] Yager R. R.. On ordered weighted averaging aggregation operators in multi-criteria decision making. IEEE Transactions on Systems Management & Cybernetics, 1988, 18(1): 183 - 190.

[144] Yang D., Chin A. T. H., and Chen S.. Impact of politics, economic events and port policies on the evolution of maritime traffic in Chinese ports. Maritime Policy & Management, 2014, 41(4): 346 - 366.

[145] Yang Y., and G. Xie.. Efficient identification of node importance in social networks. Information Processing and Management, 2016, 52(5): 911 - 922.

[146] Yang K., Yang L., and Gao Z.. Hub-and-spoke network design problem under uncertainty considering financial and service

issues: A two-phase approach. Information Sciences, 2017, 402: 15 - 34.

[147] Zhang Q. A., Zhang X. A., Han B. B.. Research on forecast method for logistics node's volume of freight handled in the Port Hinterland. International Forum on Shipping, Ports and Airports (IFSPA 2008) — Trade-Based Global Supply Chain and Transport Logistics Hubs: Trends and Future Development. 2008.

图书在版编目(CIP)数据

"一带一路"背景下无水港跨境物流网络研究 / 魏海蕊著 .— 上海 ：上海社会科学院出版社，2020
ISBN 978-7-5520-3355-7

Ⅰ.①一… Ⅱ.①魏… Ⅲ.①港口—物流管理—研究 Ⅳ.①U695.2

中国版本图书馆 CIP 数据核字(2020)第 207081 号

"一带一路"背景下无水港跨境物流网络研究

著　　者：魏海蕊
责任编辑：董汉玲
封面设计：裘幼华
出版发行：上海社会科学院出版社
上海顺昌路 622 号　邮编 200025
电话总机 021-63315947　销售热线 021-53063735
http://www.sassp.cn　E-mail:sassp@sassp.cn
排　　版：南京展望文化发展有限公司
印　　刷：上海信老印刷厂
开　　本：720 毫米×1020 毫米　1/16
印　　张：12
字　　数：150 千字
版　　次：2020 年 11 月第 1 版　2020 年 11 月第 1 次印刷

ISBN 978-7-5520-3355-7/U·004　定价：65.00 元
